「活力ある企業」の条件

公認会計士・税理士
税理士法人報徳事務所 代表社員・理事長
赤岩 茂

TKC出版

推薦の言葉

著者である赤岩茂先生は、茨城県古河市で「税理士法人報徳事務所」を経営する公認会計士・税理士さんです。

「報徳」という事務所名でもすぐお分かりいただけると思いますが、赤岩先生は、全国の数ある「会計事務所」の中でも異色の存在で、茨城県内はもとより全国各地の中小企業経営者、中小企業支援機関の間でも高い評価を受けている中小企業の経営革新支援の第一人者です。

会計事務所の主要業務というと、地域の中小企業の財務面・税務面の相談指導等が一般的かと思います。

最近でこそ、中小企業の未来に危機意識を募らせた会計事務所の一部に、単に経営の事後処理としての財務や税務の相談指導だけをしていてよいのか…と、より前工程であり、また本質問題である経営理念や経営戦略面、さらには経営者の在り方等の相談指導の必要性に気づき、その支援を実践している例も増えつつありますが、赤岩先生は以前より、このことの重要性・必要性に気づき、行動され、既に多くの実績を上げている先駆者です。

こうした活動をされている赤岩先生の名声は、大学の自慢の同窓生ということもあり、以前より存じ上げていましたが、今日のように日常的に研究仲間として親しくお付き合いさせていただくようになったのは、およそ五年ほど前からです。

きっかけは、中小企業庁が設置し、筆者が座長を務めた「経営革新支援制度評価委員会」の専門委員の一人として、赤岩先生も選任され、二年間にわたり中小企業の経営革新のあり方・進め方等について議論をする機会があったことです。

ちなみに、現在では経済産業省関東経済産業局に設置されている「中小企業のあるべき姿に関する研究会」で、引き続き一緒にその議論を続けていますが、赤岩先生の主張はぶれず、この間一貫していました。

その主張を要約すると、「中小企業問題の大半は、管理や方法といった経営の『テクニック』等の問題ではなく、中小企業の最大経営資源である『経営者』や、その目的・使命である『経営理念・経営哲学』に関する問題であり、これこそが中小企業の本質問題である。それゆえ、この本質問題にメスを入れ、改善・改革しない限り、我が国中小企業の未来はない…。」と、いつも力説し議論を深め活発化させてくれました。

こうした赤岩先生の主張は私も全くの同感です。というのは、私もかねてより、「問題には現象問題と本質問題の二つがあるが、近年の中小企業問題の大半は現象問題ではなく本質問題である。ゆえに、いまや変わるべき・変えるべきは本質問題への対処、つまり経営者自身、とりわけ、その心と背中である…。」と、言い続けてきたからです。

こうした見方・考え方は、決して理論・理想論ではありません。私は過去およそ四十年間、全国各地の中小企業の現地に赴き、現地研究を行ってきました。これまで訪問調査した中小企業は六五〇〇社を優に超えますが、好不況に関係なく、長期にわたり安定的に好業績の中小企業は、例外なく人格・識見・能力の優れた「いい経営者」と、「いい経営理念」に主導された「正しい経営」がぶれず実行されていることを調べ尽くしているのです。

ですから、赤岩先生が現場を知り尽くしている方で、この国の未来のために、いい中小企業を増やしたいと、真剣に考え行動してくれている方であることは、すぐに分かりました。本書は、こうした姿勢を貫いてきた同志、赤岩先生が「中小企業経営者のあり方・生き方」を問うた渾身の労作です。

中小企業やその経営に関する書物は巷に数多くあります。しかしながら、その多くは、経営ノウハウやその運用に関するモノが多く、中小企業の盛衰を決定づける「中小企業の経営者」のあり方・生き方・姿勢について、これほど明確かつ具体的に示してくれた書物は貴重です。本書は理論と実務に精通され、いい中小企業を増やしたいと常に念じている赤岩先生ならではの名著です。一読されれば、中小企業を経営する経営者をはじめとしたリーダーが、世のため人のために、自身は今、何をすべきか、何をすべきではないかが、一目瞭然になると思います。

本書が、中小企業の経営者や管理職ばかりか、あらゆる組織体の経営者やリーダー、さらには、より良い人財になろうと頑張る多くの人々に読まれ、「正しい経営」をする企業や、常に学ぶ姿勢と利他の心を軸に生きる人々が、一人でも多く増えてくれることを念じています。

そして、この国が再び世界の国々から憧れ・尊敬される日が来ることも…。

平成二十三年三月
法政大学大学院政策創造研究科
教授　坂本光司

はじめに

リーマンショック以降、大企業の業績は回復の兆しが見えるとはいえ、中小企業の景況回復には未だの感があり、多くの地方経済は低迷を続けています。

しかし、混迷を極める社会・疲弊する地域経済の中でキラリと光る中小企業があることも事実です。地域にかけがえのない存在となり、地域社会から愛され、尊敬される企業になるための鍵はどこにあるのでしょうか。それを**「中小企業経営のあるべき姿に関する研究会」**（経済産業省関東経済産業局）が、アンケートやヒアリング調査をもとに、平成二十二年三月に「中小企業経営のあるべき姿に関する報告書」としてまとめました。そこには、米国流の力に頼る企業経営ではなく、**人を大切にし、その人を育み、年輪を刻む日本古来の企業経営のあり方が浮き彫りにされた**のでした。私は、本研究会メンバーのひとりとして調査研究に参画し、また、研究会でのディスカッションからも様々な刺激を受け知見を得ました。

本報告書は、活力ある中小企業の共通的な特徴を可能な限り定量化したものであり、それを業績低迷にあえぐ中小企業に示すことで、多くの中小企業の元気を再び取り戻すことができると期待しています。しかし、経営資源は多岐にわたるため、戦略やマーケティングなどにまで広げれば、個別企業によってばらつきが生じる可能性もあり、本報告書では業種・業態によらない普遍的な要素としての**「経営理念」「人づくり」そして「組織風土」**の三つに絞り「その違い」をまとめてみることにしたわけです。

なお、本報告書では、**「活力ある中小企業」**の基準を「直近一〇年間で売上高経常利益率がおおむね六%以上の中小企業製造業（注）」とし、赤字基調企業と対比することで顕著な特徴を見いだそうとしました。また、「活力ある中小企業」一八社に対し、個別ヒアリングを行い、その特徴をさらに詳細に把握・分析いたしました。その結果、次の七つのポイントが導き出されました。

（注）二十一年度の調査対象は製造業に限定していますが、他業種を調査対象にした二十二年度も同様の傾向が出ています。

1 経営理念を明確化して実践する
2 経営理念を社内に浸透する
3 自立・創造できる人づくりに取り組む
4 長期的な視点で人づくりに取り組む
5 従業員への動機付けに取り組む
6 信頼感と一体感を高める組織づくりに取り組む
7 経営者力向上に取り組む

本書は、本報告書を基にするものの、具体的事例としては、著者が理事長を務める税理士法人のお客様を挙げて解説することに致しました。また、理論的背景は研究会の公式見解ではなく著者の見解であることを付言します。

本書は、TKC出版取締役部長大石茂氏から「本報告書の解説書は、必ずや中小企業の経営革新・経営改善・企業再生に役立つはずなので、ぜひ書いて欲しい。」という依頼を受け、誕生したものです。本報告書の引用等を快く承諾いただいた、経済産業省関東経済産業局の事務局担当部局の皆様、本研究会の委員長としてご指導いただいた法政大学大学院教授坂本光司先生、研究会の中でのディスカッション等を通じてご指導いただいた委員の皆様方、そして、事例として登場いただいた当法人のお客様、さまざまな皆様のおかげで本書は生まれました。

本書が、中小企業経営の本質を理解し体得するための参考となり、一社でも多く「活力ある中小企業」「志大企業」「尊敬される企業」へと成長され、日本全国の地域にあって希望の光となり、遍《あまね》く光輝く社会が到来することを祈念するばかりです。

最後に、ＴＫＣ出版蒔田鉄兵、伊東淳両氏の励ましやインタビュー協力が無ければ、これほど短期間には出版できませんでした。また、最初の読者でもある妻・正子には毎度のことですが、分かりにくい表現を指摘してもらいました。心より感謝致します。

平成二十三年三月　赤岩　茂

目次

第2章 社長の想いを伝えよ！ 55

第3章　人づくりが未来を創る！　年輪を刻み、想いを継承する　97

第4章 人はいかなる時に燃えるのか 139

装幀・本文デザイン　スタジオ・ギブ（川島　進）

第1章

現代の中小企業経営者に不可欠なのは「哲学」と「戦略」だ!

「道徳を忘れた経済は罪悪である。しかし、経済を忘れた道徳は寝言である。」

（二宮尊徳）

1．はじめに

多くの中小企業に欠けているもの、それは企業を生成発展させるための「**哲学**」と「**戦略**」であり、倒産させないための「**業績管理**」(i)であると考えられます。

まず、「**戦略**」を先に説明しましょう。これは哲学・理念を具現化するために、限りある資源を有効に活用するための思考の枠組みであり、ビジョンに向かってはしごをかける作業です。いくら、夢・ビジョン・目標があろうと、それに到達する道筋を明示しなければ従業員とともに到達しようがありません。

目の前に池が二つあるとします。一つは、魚が多くいる池であり、もう一つはあまり魚がいない池だとします。このような場合に、魚の多い池を選択（意思決定）するのが経営者の役割です。しかし、魚の少ない池を選択し、釣り人（従業員）に対し、「もっと頑張って釣れ！」と叱咤激励することが経営だと錯覚している経営者がなんと多いことか。しかし、魚がいないところでは、釣れないのです。一生懸命釣りをしても、魚がわいてくるわけではありません。

また、仮に経営者が魚のたくさんいる池を指し示したとしても、そこに向かう過程や方法、釣りの仕方などを明示しなければ従業員には伝わりづらいものがあります。これらを誤解のないように伝達するためには、**方針書として文書化し、周知すべき**なのです。つまり**経営計画の策定は、単なる数値計画だけでなく、それを具現化する行動計画等も併せて立案することが必要**であり、会計情報等からはそのヒントを得ることができるのです。

ＴＫＣ全国会大武健一郎元会長は、ビジネスドクターとしての税理士・公認会計士の方法論として、「**何を売ってもうけ、何を売って損し、どの資産を活用すれば利益が出るのか、そうした中堅・中小企業の状況を一目瞭然で判断できる『カルテ』を作り、病状をしっかりとつかんで治す手助けをすることです**。」とおっしゃっています。

ところが、残念なことに、中小企業経営者の中には、このような情報すら持っていない方も多く、全くの勘と過去の延長線上で商売を行っていることが少なくないのです。勘が当たればいいでしょう。しかし、現在のような激動期において、社長の勘がするどく研ぎ澄まされているか、保証の限りはありません。私は、経営計画の策定支援において、社長に、主要な商品ごとの売上高と限界利益を聞きますが、業績の悪い社長ほど、具体的なデータを持ち合わせておらず、社長の頭の中から、おおよその数字を出す傾向にあります。するを例外なく、社長の思っている数値の積み上げは、会計数値よりも大きくなってしまい、業績が悪い社長ほどそのかい離は大きい傾向にあります。つまり、業績の悪い会社の社長の「勘ピュータ」は、例外なくサビついているのです。それなら、「コンピュータ」により、それを補い、事実とデータに基づく意思決定を習慣化すべきなのです。

この分析により、伸ばすべきものを伸ばし、捨てるべきものを捨てる決断をし、実践した会社は、このような不況下であっても、利益を数倍に伸ばしている事例もあるのです。手作業時代の昔はいざ知らず、ＩＴを駆使できる現代では、部門別や商品別・得意先別等に売上高や限界利益を区分することが、容易にできる環境が整いました。この会計情報から、自社の課題などを把握していくべきなのです。会計ソフトを活用しているといっても、部門別会計も行わず、全体がやっと把握できる状態では、いまだ、現代版の「どんぶり勘定」にすぎません。**経営者は、自社にとって必要な財務情報・非財務情報とは何か、それはどのようなプロセスでアウトプットできるのか、それをどのように活用すべきなのかを、検討**

し提示すべきなのです。

なお、ここで分析力の重要性を記しましたが、これに加え、物事の本質を瞬間的に把握する直観力も重要です。経営者にとっては、全体を統合して判断する必要性から、今後ますます直観力が必要とされる場面が生じるものと思われます。

次に、「**哲学**」です。哲学はノウハウとして伝達するのが難しいのですが、端的に言えば、「**学習や経験等から導き出された人生観・経営観**」であるといえます。これがあることで、ぶれずに経営ができるのです。もっと平たく、「**何のためにわが社はあるのか**」と言い換えてもさしつかえないでしょう。それがないということは企業経営の「原理原則」がないということ、つまり根なし草になっていることを意味します。また、原理原則があったとしても、それ自体が誤っていたら、いくら努力をしても決して成果は得られません。

少々長くなりますが、下館藩の家老が二宮尊徳に仕法（村興し）の依頼に行った時の問答を紹介(ii)しましょう。

「現在租税の過半は借財の利払いのために費え、藩中を扶助することができません。・・・借財減少の方法がついたならば、国民を哀れみ恵むことも必ずそこから生ずるはずです。」

「・・・国本たる人民の艱苦《かんく》を後回しにし、その末たる藩内の憂いを除くことを先にしておる、このように**本末先後の道を失いながら国家を再興させようと望んでも、到底できることではありません**。・・・この借財・衰貧は何によって起こったのでしょうか。それは、国家の分度が明らかでなく、入るを計って出ずるを制する道がなく、国用が足らなければよそから金を借りて一時の不足を補い、少しも後難を考慮しなかったため、ついにこのような貧困に至ったのではありませんか。・・・過去十年の租税を調べ、豊凶十年を平均してその平均額にあたる数が、すなわち、天分として動かすべからざる分度です。」（強調著者）

尊徳は、『大學』（四書五経の一つ）の本末論、終始論(iii)をもとに、結果のみを求めようとして原因をおろそかにしている同藩の家老を諭しています。

家老は**富国安民**を目指し、尊徳は**安民富国**を目指したのでした。家老は、まず国が富めば、領民を安んずることができる、そのためには、国力を高めることが先決だと主張したのです。これは、資金繰りに窮した経営者が、「金があれば従業員の給料も上げられるのに・・・」と愚痴っていることと同じです。尊徳は、個人の独立無くして、国の安定はありえないことを説いているのです。まずは、領民を安んずることが先決であるということです。

『大學』でも「修身斉家治国平天下」と説き、天下を平らかとなすには、まず、自らの身を修めるべきだ、としています。また、慶応義塾創立者の福沢諭吉も、個人の独立無くして一国の独立はあり得ないとしています。

次に、「豊凶十年を平均して分度を定める」とは、どのような篤農家であっても何年か何十年かに一度の自然災害や天変地異は避けられない。ある意味ではそれさえも嘆くことなく受け入れて、豊作のときにはその備えとして余分に残しておくことを説いているのです。

これは農業を例にしておりますが、現代の企業においても全く同様です。この不況下でも、好況時に不況に備えて内部留保を厚くし、借入金の返済を進めていった企業は、まだまだ余裕があります。逆に好況時に節税と称して無駄遣いをした企業ほど苦しんでいるのも事実です。農業でも凶作にならなければ反省しづらいのと同様に、企業経営でも大不況にならなければ経営者も反省しにくいのです。この意味で、この不況は、「今までのやり方では社会に通用しない、社会にお役に立つためにはどうすればいいか」と素直に反省し、来るべき、この不況という暗いトンネルを抜けた社会を想像する天からの恵みの時と位置づけるのが正しいようです。

松下幸之助の言葉のように「不況もまた良し」です。経営者にはこのような心の余裕が求められているのです。ここ数年で、来るべき社会に活躍する企業のあり方を見据え、その確立に着手した企業からこの苦境を脱出していくはずです。

2. 哲学とは何か

広辞苑第六版によれば、「哲学」とは、「物事を根本原理から統一的に把握・理解しようとする学問」であり、「俗に、経験などから築き上げた**人生観**・世界観。また、全体を貫く基本的な考え方・思想」であるとしています。

同様に、「人生観」とは「人生に対する**観念**または思想上の態度」とされており、「観念」とは、「**物事に対する考え**、見解」を意味しているとしています。

人間を取り巻く環境や現象は同一のものですが、それをとらえ、理解する人間は、その現象をあるがままに見ることはまれで、誰しも、生まれてから今までの経験や教育・環境によって培われた人生観というフィルターを通して判断しているものなのです。同じ温度の中にいても、ある人は暑いと言い、別の人は寒いと言う。温度は同じなのに、感じ方が違うのです。このように人間は、ある観念をもとに判断し、意思決定し、行動していくものですから、もし、このフィルターである人生観そのものが歪《ゆが》んでいれば、意思決定の結果も行動も歪められ、その結果も歪められてしまうのです。大本を正さずして、善き結果を得ることはまず不可能なのです。

何事にも斜《しゃ》に構える人がいます。他の人の意見を正面から受け止めることができないでいます。しかし、こういう人に限って、あまり成果は出せないようです。なぜなら、物事の成果、特に組織上の成果は、一人で獲得するものではなく、皆で力を合わせて獲得するものだからです。斜に構え、批判的に見る人は、人からも同様にされ（これを「作用反作用の法則」と言います。）、結果として協力が得られにくいからです。

また、自分の失敗を他人や経済・社会環境のせいにする人は伸びないとよくいわれます。「**自分が源**」という意識があれば、失敗から反省し、学ぶことで成長の糧になります。そしてそれは、小さな成功からの学びよりはるかに大きな学びとなるものです。しかし逆に、前述したようなすべてを他人のせいにする態度を取っていては、学びもなく、成長もない。謙虚に反省ができないからです。中国の古典「陰騭録《いんしつろく》」に「惟《た》だ謙のみ福を受く」との言葉がありますが、謙虚に日々努力していなければ幸せになれないとの戒めでもあります。

3. 自分の人生哲学を経営理念とせよ

産能大学の宮田矢八郎教授は、その著書『収益結晶化理論』において、「理念が独自性を生む」として、企業経営における経営理念の有効性・重要性を実証研究から指摘しました。

さらに卓越経営者のモデル像を提示し、その中で「卓越経営者は経営判断の原則を宗教・信仰、信条・信念のレベルで把握している。・・・苦労克服にあたって役立ったのは『自分の信念・経営哲学』である」(iv)と導きだしました。このように、経営者自身の信念・哲学は、経営判断のよりどころとなり、企業を繁栄発展に導くための原動力になるものなのです。つまり、企業の哲学とはまさに経営者の人生哲学を意味し、その人生哲学の善し悪しが、結果として企業の盛衰に大きく影響することが指摘されているのです。

なぜなら、リーダーたる経営者は方向性を示す役割を担う人であり、その方向性についての決断を業とするものです。もし、この方向性が誤っていれば、いくら頑張って努力をしても目標とする成果を手に入れることは困難になってしまうからです。

4. 人生の目的はどこにあるのか

それでは、経営者個人は正しい人生哲学――これは、人生の目的と言い換えてもいいでしょう――をいかにつかんでいくべきなのでしょうか。

ブッダが亡くなるときに、弟子のひとりのアーナンダの「これから何を頼ればよいのでしょうか！」との問いに対し、ブッダは、「自分を頼め、法をよりどころにせよ。」と言ったそうです。これが「**自灯明・法灯明**」の話ですが、「自分の中には、汲《く》めども尽きない、こんこんと湧《わ》き出ずる泉があるのだよ。その水脈を掘り当てることだ。それこそが大いなる力になるのだ。また、私が説いた法が正しく生きる道しるべになるのだよ。」ということです。

思うに、人間は、生まれる時に一つの目的を設定してくるものです。それは「幸福に生きること」ですが、「幸福」とは、単なる金銭や物質的欲望を満たしたり、地位や名誉を手に入れたりすることではありません。これらは一時的な「幸福感」を満たすことはできますが、永遠の満足を手に入れるものではありません。

「よろこぶ」には漢字で「喜」と「悦」とがありますが、前者は、物質的かつ短期的なものであるのに対し、後者は、精神的かつ長期的なものであるとされています。我々は、この後者の悦びを目指さなければなりません。

それでは、「悦」の状態になるには、どのように考え、行動するべきなのでしょうか。

まず、「幸福」の状態を定義しましょう。幸福の定義は人それぞれでしょうが、あえて私見を述べれば、**「成長」と「貢献」が実現している状態**であると思います。我々が生まれてきた意義の第一番目には「成長」があります。これは、単に知識のみを習得し、物知りになることではなく、人間としての魅力を高めていき、周りの模範となるような生き方ができるようになるということです。言葉を換えれば「**魂を磨く・人間性を磨く**」と言ってもいいでしょう。

それでは、なぜ、人は成長し続けなければならないのか。この世界を含む大宇宙そのものが、永遠の進化、生々発展の過程にあり、それは我々の成長を通してのみ実現できるものだからです。すなわち、我々は成長を宿命づけられている存在であるとも言えましょう。

さらに、次のキーワードである「貢献」との関連で言えば、自己を高めることでより高次・広範囲の貢献ができるようになるからです。例えば、生まれたばかりの子供でも、幼稚園児でも周りの人々に貢献できます。彼らの笑顔が人々の癒しになるからです。しかし、より高度な知識や技術を身につけた大人は、より高く広い貢献が可能になります。このために、成長し続けることが必要になるのです。

5. この世は相互奉仕の世界である

ところで、人はそれぞれ顔が違うように、知識や能力にも違いがあります。この違いによって、社会の多様性が生み出されます。もし、知識・能力が同じであれば、すべてが同じ職業に就くことでしょう。しかし、それでは、互いに協力することはできません。結果、無味乾燥な社会となってしまうでしょう。ところが幸いなことに違いがあるため、自分の特性や興味を活かし、様々な職業が生まれました。この結果、自分に足りないところは他者から補ってもらえばいい、という発想が生まれます。つまり、この世は、職業を通じて、相互奉仕が可能となったのです。相互奉仕ができる社会では、自分の能力を高めることが他者への貢献につながり、頼られる悦びを実感できるようになります。

現在では、企業の社会的責任が重視され、社会貢献が重要であると言われていますが、そもそも、社会に貢献する（そのために社会の代表であるお客様へお役立ちする）ことは、企業が存続する上での大前提なのです。

「社会」と「会社」では、字句が逆転していますが、よくよく考えてみると、会社のない社会はあり得るが、社会のない会社はあり得ないことが分かります。例えば、原始社会には会社が存在していません。しかし、人間の営みとしての社会は成立していたのです。これに対し、会社を創っても、南極のペンギン相手に商売はできません。人間社会が成立していないからです。このように考えれば、**会社は、社会に存在を許されているものであり、許される条件の一つが、「貢献」にあることは疑いようがありません**。すなわち、会社は、社会に有用な価値を提供し貢献することでその存在を許されているものである、と謙虚に受け止めることが必要でしょう。したがって、その貢献力を喪失した場合に、社会からの退場（倒産）を余儀なくされるのは自然の摂理と考えた方がよさそうです。

6. 経営とは一生涯かかって真理を探究し実践することである

そもそも、「経営」は仏教用語と言われ、「経営」の「経」は「お経《きょう》」の「経」であり、根本法則（真理、大自然の理法、宇宙の法則）を意味し、それを「営む」とは、探求し、実践することである、と言えます。すなわち、**経営とは一生涯かかって真理を探究し実践することである**と言えるでしょう。

この真理を人生哲学・経営哲学とすれば、それを究めつつ、実践して成果を生み出し、それを社会と分かち合うことを意味します。すなわち、この意味で、経営とは、哲学・理念を具現化して、社会を幸福に導く行為と言えます。

哲学は、字面で理解することは容易ですが、実践、しかも習慣となるまでの実践を継続することは容易ではありません。しかし、習慣化されずには成果も生まれません。

気づいて、行動し、習慣化されれば、人格が変わるとよく言われます。同様に、経営哲学・理念に気づき、それを具現化すべく行動し、企業内全体で習慣化されれば、社格が向上し、より良き人々や会社とのご縁が深まってくるものなのです。成果は内にあるのではなく、外からもたらされるものなのです。

7. 会社経営とは「五人に対する使命と責任」を果たすための活動

法政大学大学院坂本光司教授は、その著『日本でいちばん大切にしたい会社』などにおいて、「会社経営とは五人に対する使命と責任を果たすための活動であり、その五人とは、

①社員とその家族
②外注先・下請け企業の社員とその家族
③顧客
④地域社会
⑤株主

である」とし、その順番もあると主張されます(v)。そして、株主の幸せは、①〜④の幸せを通じた結果として自然と生まれるものだと言います。これは、米国流「会社は株主のもの」という主張に真っ向から反するものです。確かに、会社法によれば会社は株主の所有物でしょう。しかし、会社という実体はそれだけで独立した企業活動を営むもので、前述したように、会社は社会に対して何らかの貢献をして存在を許されるものという考えに立てば、同教授の主張される点は、至極もっともなことであると思います。しかし、これがぶれているのが、現実の姿なのではないでしょうか。

また、業績や成長は、企業が継続するための手段にすぎず、**会社の目的は「継続」**にある、とも主張されます。では、なぜ継続が目的なのでしょうか。思うに、企業は価値を創造し、社会を幸福に導く存在であると同時に、構成員たる従業員の成長の場でもあります。継続することは、従業員の成長により企業がより豊かな価値を創造し、社会に永く貢献することにつながるからではないかと考えます。

ちなみに、「事業」の本質も見ていきましょう。『易経「繋辞上伝」』では、「事業」を次のように説明しています。「この故に形より上なるもの、これを道と謂い、形より下なるもの、これを器と謂い、化してこれを裁する、これを変と謂い、推してこれを行う、これを通と謂い、挙げてこれを天下の民に錯《お》く、これを事業と謂う。」これを訳すと次の通りです。

「目に見えぬ実在（形而上）が『道』、それが形となって現れた現象（形而下）が『器』である。現象が相互に作用してさまざまに変化することが『変』であり、変化することによって新たに発展することが『通』である。そして、この『通』の理によって民を導くこと、これが『事業』である。」(vi)

すなわち、事業は単なる金もうけの手段ではなく、発展原理である「通」を体得し、その原理によって、国民（企業であれば従業員）を幸せに導いていく崇高な意味があるものとされているのです。

8. 働く幸せ

以上をもとに人はなぜ働くのかを考察していきましょう。

稲葉襄著『円相の経営』(vii)によれば、「働くことの意味」として、次のように論じています。以下、抜粋引用します。

(1) 働くメリット

①生活の維持

②困難に向かって挫《くじ》けない人間形成

③つらい仕事をすることによって、他人に対する思いやりの心を養う。

(2) 働くことと恩

「働くことについては、恩を感じての働きであることが必要である。・・・自分がどうして存在しているかの原因を心で知ること、それが恩である。」
「以上の恩が分かると、存在の理由が分かり、感謝の気持ちが出てくる。・・・感謝を心から感じてこそ、人や物に対する思いやりや情けも出てこよう。」

(3) 働くことと悟り

「仕事をする場合には、恩を感じる仕事ぶりでなければならない。と同時に仕事によって恩を感ずることが深くならなければならない。・・・仕事の上での悟りの境地になれば、そこに仕事の本当の真骨頂がある。」

江戸初期、武士の地位を捨てて、仏道修行に入った、鈴木正三《しょうさん》は、悟りを開くために特別な修業を行うのではなく、勤勉に自分の職業に励めば悟りにつながると提唱しました。この考えは、我が国の勤労観（労働観ではない）を形づくるのに大きな役割を果たしました。江戸末期の二宮尊徳の村興しや明治・大正・昭和初期の渋沢栄一などによる資本主義勃興期には、勤勉さが重視されたのでした。このようにもともと我が国では、働くことの意味を単なる対価を得るためや生活の維持以上のものとしてとらえ、仕事そのものが、人生修業につながるものであるということが、広く理解されていたのでした。
ところが、残念なことに戦後の教育は、人を道具としてとらえ、仕事につながる何らかのスキルを付けることが重視され、道徳教育は軽視され続けました。これでは、論語で言う「小人《しょうじん》」をつくることはできても、君子をつくることは不可能です。『論語「為政編」』に「君子は器《うつわ》ならず」とのことばがあります。これは、器とは、技術的、実用的、日常的なことに役立つものを意味し、君子は、この器を動かす者として、もっと内面的・精神的であるべきだと説いているのです。(viii)
私は、大学で講義する合間の雑談で「仕事の意味」などを話すことがありましたが、「初めて聞いた」という感想が多かったのです。小中高を通じて、誰も教えることが無かったようです。だから、会社の安定性や規模の大小、初任給の高さ、福利厚生や休日などを基準に就職を決める学生が多くなってしまうのではないでしょうか。
従業員の七割もの多数の障害者雇用で有名になった日本理化学工業㈱の大山泰弘会長は、禅僧からの教えとして、人間の究極の幸せを、「人に愛されること、人にほめられること、人の役に立つこと、そして最後に、人から必要とされること」、とし、「障害者の方たちが、施設で保護されるより、企業で働きたいと願うのは、社会で必要とされて、本当の幸せを求める人間の証なのです。」(ix)としています。つまり、これは前述したように、人間の幸福には、誰かのお役に立ちたいという「貢献」という概念が含まれていることを意味し、これこそが究極の幸せのかたちといえるでしょう。

9．強みを活かす戦略を！

(1)『孫子』に学ぶ不敗の戦略

社会的に貢献する意欲があっても、それを実行する力がなければ成果は出てきません。

経営も、人生も、**正しいことを愚直なほど徹底して実行し続ける**しか成功の鍵はありません。

それでは、この貢献の意欲を実行に移すために、どのように考えればよいでしょうか。

まずは、「強み」を活かすことを意図しなければなりません。

『孫子』は不敗の戦略と言われていますが、その骨子は次の三つに集約できます。

①戦わずして勝つ
②勝ち易きに勝つ
③勝算なきは戦わず

①戦わずして勝つ

「戦わずして人の兵を屈するは、善の善なる者なり。」（謀攻編）

「敵と戦うことなくして、計略を持って敵の兵を屈服させることが最上の方法である。」これを人生や経営に当てはめれば、「オンリーワン」を目指せということです。競争のない「ブルーオーシャン」を見つけることです。特に中小企業では、市場規模は小さく、大企業が手を出そうとしないところに目をつけるべきです。

②勝ち易きに勝つ

「善く戦う者は、勝ち易きに勝つ者なり。故に善く戦う者の勝つや、智名無く、勇功無し。」

「戦巧者と言われた人は、勝ち易いところで敵に勝っただけである。それゆえ、戦いに勝つ時は、その智謀が優れているという評判もなければ、その武勇による功績もない。」これを人生や経営に当てはめれば、「強みを活かせ」ということです。

③勝算なきは戦わず

「算多きは勝ち、算少なきは勝たず。而るを況《いわ》んや算無きに於いてをや。」

「勝算があるなら勝ち、勝算が少なければ勝てない。そうであるなら、勝算が全くなくて勝負するのは問題にならない。」これを人生や経営に当てはめれば「勝算がなければ戦うな」ということです。

(2) 外部環境・内部環境

孫子は、外部環境・内部環境分析の重要性を次のように指摘しています。

「彼を知り、己を知れば百戦して殆《あやう》からず。
彼を知らずして、己を知れば一勝一負す。
彼を知らず、己を知らざれば、百戦して殆し。」（『孫子』謀攻編）

これを現代の企業経営に当てはめると、外部環境と内部環境を十分に分析し事に当たれば、失敗することはないということです。しかし、内部分析を十分にしていても外部環境を無視していたり分析が不完全であったりすれば、成功することも失敗することもあります。外部・内部とも分析していなければ、失敗しっぱなし、ということになります。

あいかわらずのどんぶり勘定で月次決算も行わないところは、そもそも挑戦のステージに立つ資格が無いと言えるでしょう。しかし、残念なことに、外部・内部環境を分析している中小企業はまだまだ少数派であることも事実です。自社内の業績管理を十分に実施していても社会・経済環境を分析しなければ不十分なのです。例えば、石炭業界のような衰退業界で事業を行おうとしても成功は難しいでしょう。自社の内部の強みに焦点を当て、機会を活用することが重要なのです。

(3) 優先順位を絞り込み決定する

環境分析により、戦略の方向性が決まれば、やるべきことを絞り込むことが重要です。特に中小企業は大企業と比較して、一般的に経営資源が乏しいと言われています。このような場合に成功するためには、一点集中し資源を集中することが必要です。また、目的と手段を取り違えないようにすべきです。この点を、P.F.ドラッカーは『マネジメント』において、次のように説いています。

「明治の世代が成功したのは、彼らが目標を十分に検討し、優先度の高い目標を少数選定し、それらに集中したからである。・・・明治維新の目的は・・・『日本の独立と文化や伝統を守る』ことであると彼らは定義した。それらの目標は『富国強兵』というスローガンに要約された。

・・・その後継者たちは他にもある優先順位の高いものをなんら考えようとしなかった。その結果、明治の人にとっては日本の独立を守るという目的を達成する手段にすぎなかった軍事力が目的そのものにされてしまって、ついには日本に破局をもたらし、明治の世代が成し遂げた偉業をほとんど破壊してしまったのである。」(x)

戦略は直観に従う

さまざまな分析をしてもどうしても納得がいかない場合があります。また、制約された条件の中で意思決定をしなければならない場合もあります。経営者は意思決定業、方向性を示す人なので、このようなプレッシャーの中での意思決定が必要になる場合が多くあります。西洋文明は、一つの事柄を分解し、その分解されたものを究めることで、物事を解明してきましたが、どうも、この方法が妥当ではなくなりつつあるように思います。**時代は、分析から統合へと大きく転換している**ように感じます。戦略論の世界でも、最近は西洋の学者から直観の重要性を説く書籍が出されるようになってきました。

例えば、『戦略は直観に従う』では、戦略的直観における四段階「歴史の先例」「平常心」「ひらめき」「意思の力」のうち、「東洋哲学が第二段階の平常心に特に貢献した」(xi)、としています。

意思決定には判断基準が必要です。例えば管理会計の意思決定会計では、経済的な損得をその基準とすることが一般的ですが、本当の意思決定にはそれを超える哲学が基準として必要なのです。それが「**尊徳**」であり、「**義**」であるべきなのです。たとえ一時的に経済的な損失を出す場合であっても、守らねばならないもの、やらなければならないことがあるのです。

「赤福餅」で知られる三重県の老舗「赤福」は、戦後、商品の水準を実現できる材料が手に入らなかったとき、あえて店を再開しなかったと言います。これが、経済的な利益を超えるものを優先したことにほかなりません。しかし残念なことに、後年、消費期限偽装により問題になってしまいました。その時の経営者は経済的利益を重視してしまったのでしょう。正しくないことは、隠そうとしてもいつかは表面にあらわれてしまうものです。

そして、失った信用を取り戻すことは並大抵の努力では済まないのです。

10. 企業経営の本質は東洋も西洋も変わらない！

　今まで、どちらかというと東洋思想に基づく経営について記しましたが、企業経営の本質は、東洋であろうと西洋であろうと違いはなさそうです。要はそれを率いる経営者の意識や思想が、結果として企業を形づくっていくのです。

　シェルグループの役員等を歴任した、アリー・デ・グースは『企業生命力』という本を著していますが、その第6章で「利益追求か、長寿か」と題し、利益追求型企業（エコノミックカンパニー）と長寿企業（リバーカンパニー）の特質を次のように指摘しています。(xii)

・エコノミックカンパニーは一部の例外を除き、働くためのコミュニティではない。一種の企業マシーンである。唯一の目的は、経営者と投資家の内輪の小グループのための富の生産である。

・そうした企業内で「我々の仲間」と認められる人間は、ほんの一握りにすぎない。その他大勢の人間は企業活動への貢献を期待されて雇用されるが、実際は誰かのカネもうけマシーンの付属物に過ぎない。

・金銭と引き替えに時間と能力を提供するものの、企業に対する忠誠心に欠ける。企業で働く仲間を信用せず、企業に一身を捧げる気持ちをほとんど持たない。したがって、強力な職制によるコントロールが必要になる。

・一方のタイプの企業（リバーカンパニー）は絶えず発展を続けるコミュニティとして、永続を目的として組織される。河川のように長命である。

・永続する企業は、よどむ水たまりでなく、絶えず流れる河川に似ている。一滴の水で企業を長期にわたり独り占めすることがない。絶えず新しい水が流れ込み、古い水は海洋に運び去られる。

・もちろん、リバーカンパニーでも投資効率は重視される。しかし、経営者は人間を大事に扱い、資本の効率を副次的にみる。企業は、まず自らをコミュニティと考える。企業の目的は企業の長寿とそこに働く人の能力開発である。利益は目的達成のための手段となる。

以上のように、本書からも、企業の目的は永続（長寿）であり、利益はその手段であることが明確に読み取れます。

11. 中小企業は志大企業を目指せ！

「身の丈」という言葉があるように、無理に規模の拡大を追うことが、結果的に、企業の寿命を縮めてしまうことがあります。例えば、生産の拡大を図るために借入により設備投資をしても、生産したものが売れなければ資金を回収することができず、返済も滞り、最悪は倒産に至ります。

今でも、売上高の規模で企業の良しあしを見るような風潮が残っていますが、規模の大小だけで競う愚かな争いではなく、内容の充実を図るべきです。単なる規模の拡大を成長とは呼びません。それは膨張です。膨張すればいつかは破裂するのは世の習いです。これからは、単なる規模の大小ではなく、経営者の志の大小によって企業の価値がはかられてくるでしょう。すなわち、中小企業こそ、志大企業を目指すべきなのです。

そもそも、企業経営は創業者の想い、志が出発点となり、それを具現化するための活動です。人間に個性があるように、企業にも個性があります。中小企業は、今こそ志大企業を目指すべきです。宮城大学名誉教授・公認会計士の天明茂先生は、「志企業」を「社会の不条理に対する義憤を感じながらも、それを自らの問題として挑戦し、新たな価値観や社会モデルを作っていく・・・企業」(xiii)と定義づけておられます。すなわち、志は単に創業者や経営者の私欲ではなく、企業という組織を活用するにより、社会的課題を解決していくための核となるものであり、これは経営者の哲学・理念そのものと言ってよいでしょう。

人間は、人生の意味・働く意味を求めていると同時に、協働によって成果を出す悦びを知っています。そして、現代社会で最も成果の出しやすい企業という組織体こそが、この人間の根源的欲求を満たすことができるところなのです。この意味で、志の高い経営者が社会の不条理を解決すべく大望を抱き、志大企業を実現すれば、きっとそれは社会を変革していく大きな力となっていくことでしょう。

i　いくら、哲学・戦略が素晴らしかろうと、会社をつぶさせないための仕組みである業績管理体制が構築・運用されていなければ問題です。ただし、これは本書のテーマからは離れますので、説明は省略します。

ii　『補注報徳記』現代版報徳全書　第2巻（平成20年9月小訂第17刷）P85～86　富田高慶著　佐々井典比古訳注　一円融合会

iii　『大學・中庸』新釈漢文大系2（平成19年6月第43版）P39　赤塚　忠著　明治書院
「物に本末有り、事に終始あり。先後するところを知れば、即ち、道に近し。」
同様にP90「徳は本なり。財は末なり。本を外にして末を内にすれば、民を争わしめて奪を施く。是の故に財聚まれば、即ち民散じ、財散ずれば、即ち、民聚まる。」

iv　『収益結晶化理論』（2003年7月第1刷）P186　宮田矢八郎著　ダイヤモンド社

v　『日本でいちばん大切にしたい会社』（2008年10月第22刷）P20～33　坂本光司著　あさ出版

vi　『易経』中国の思想Ⅶ（2009年6月第3版第8刷）P268　丸山松幸訳　徳間書店

vii　『円相の経営』（昭和63年4月初版）P244～247　稲葉　襄著　中央経済社

viii　『論語増補版』（2010年6月第6刷）P43　加地伸行著　講談社学術文庫

ix　『働く幸せ』（2009年7月第1版第1刷）P56　大山泰弘著　WAVE出版

x　『マネジメント（上）』（1999年10月第23版）P251～259　P.F.ドラッカー著　野田一夫、村上恒夫監訳　ダイヤモンド社

xi　『戦略は直観に従う』（2010年10月）ウィリアム・ダガン著　杉本希子、津田夏樹訳　東洋経済新報社

xii　『企業生命力』（2002年4月第1刷）P161～163　アリー・デ・グース著　堀出一郎訳　日経BP社

xiii　『「志企業」のすすめ』（平成17年2月第1刷）P238　天明　茂著　致知出版社

第2章

社長の想いを伝えよ！

「人生の根本目標は、結局は人として生をこの世にうけたことの真の意義を自覚して、これを実践する意外にはないと考えるからです。」森信三著『修身教授録』

1．はじめに

中小企業の社長はある意味で、健全なワンマンであるべきです。なぜなら、経営の結果に対する責任を一身に背負うのは社長だからです。これは、例えば自分の経営する企業が倒産した場合を考えればよく理解できると思います。一般に中小企業の場合は、社長は自宅の土地建物すらも担保に提供し、かつ、保証もしています。最終的な倒産の責任を負い、自己の資産を提供するのは社長だけです。これは、衆知を集めつつも、企業の意思や方向性は社長一人が決断しなければならないことを意味しています。決断とは、その時点において最善と思われるものを選択し、残りの選択肢を捨て去ることです。ある意味、退路を遮断し、「その道を行く」決意をする行為です。ワンマン経営というと専制的に決定し、それを下に押し付けるというイメージがありますが、ここで言うワンマン経営の意味合いは違います。

社長はある「**想い**」を持って創業します。最初は小さな雪玉ですが、それが社会から受け入れられれば、その雪玉に多くの雪がまとわりつき、大きくなります。この小さな雪玉こそが、社長の人生理念です。人生理念とは、社長が自己の人生においていかなる価値を持ちつつ歩んでいるか、ということにほかなりませんが、それは、第1章で説明したように、その人の環境や教育、他との交流などにより形作られるものです。

2.「類は友を呼ぶ」

思うに、人材の採用は、企業の経営理念に共鳴した人を採用すべきです。そして、企業の経営理念の根底には、社長や創業者の人生理念が存在するので、創業社長であれば、**自分の人生理念に共鳴する人を採用することがベスト**なのです。

日本のことわざには真理をついているものが多々あります。古人は人生の真理等を簡単な分かりやすい言葉で表現しようとしました。これは、深遠な真理を遍《あまね》く伝えるための知恵だと思います。また、同様に二宮尊徳も、報徳思想をより分かりやすくするために多くの道歌を遺《のこ》しています。昔から、このような**ことわざや道歌は、人生の指針として機能**してきたのです。

ことわざの「類は友を呼ぶ」とは、端的に言えば、「明るい人の周りには明るい人が集まり、暗い人の周りには暗い人が集まる」ということです。性格や資質の同じ人が仲間になりやすいことを意味しますが、一般の組織体や企業を見ても、その法則は驚くほど当てはまるものです。人材の質ばかりか客層も良い会社があれば、その逆の会社もある、という現実があります。

十数年前の話ですが、ある会社から経営改善を依頼されたことがあります。インタビューや視察等を通じて、その会社は、社長に経営の明確な目的がなく、ぶれていることに気づきました。そこで、数回の面談の後、経営理念をつくってもらい、その理念をもとにした会社の方向性（ビジョン）を設定し、それを全従業員の前で発表してもらうことにしたのです。

ところが、その発表会の席上、一番後ろにいた従業員の一人は、なんと机の上に足を乗せ、腕を組んだまま社長の話を聞いていたのです。私は「なるほど、これがガンか。」と思いました。この従業員をどうにかしなければ、改善のレールに乗せることはできないと思ったのです。しかし、それは杞憂でした。ほどなく、その従業員は「こんな会社にはついていけない。」という言葉を残し、去っていったのです。そして、その会社はその後わずか一年足らずで利益を計上できるようになったのです。

この話は何を意味しているのでしょうか。

まず第一に、この会社は、それまでは会社の存在意義や方向性を打ち出さず、野放し状態になっていたのです。ある意味、従業員の自由勝手の状態でした。甘やかされているため、ちょっとした仕事の増加も「できないよ」の一点張りで、満足にこなしきれない状態だったのです。もちろん去っていった従業員が扇動してあまり働かなくなっていたことも事実でした。

第二に、経営改善のスタートは、社長の意識改革にあり、その行動にあるということです。この会社も社長が変わり、その結果、従業員が変わっていったのです。つまり、「類は友を呼ぶ」の本当の意味は、「**良き人と交わりたかったら、まず、自分が変われ！**」ということなのです。

3. 研究会が提示した活力企業のポイント

「中小企業のあるべき姿に関する研究会」では、ポイントの1と2で、経営理念の明確化とその実践・浸透の重要性を指摘しました（以下、同報告書を抜粋引用します）。

ポイント1　経営理念を明確化して実践する

◆会社の姿勢・スタンスを明確化する

経営理念は「何のために経営するのか（将来の姿・事業の目的・存在理由など）」をあらわしたものであり、また「どのように行動すべきか」という従業員の行動基準となるものです。「会社の姿勢・スタンス」が明確になると、従業員が何を目指すべきかがわかり、日々の行動の助けになります。経営理念及びそれに基づく行動指針の明確化により社長がすべてを語る労力が減り、日常的な社長の「指示の背景」や「経営に係る考え方」を従業員に理解してもらえます。

◆経営者自身が実践する

経営理念を作るだけでは十分ではありません。「理念を作って掲示した」だけでは経営理念は実践されないようです。

経営理念を経営に反映させるためには、経営者が自ら経営理念を信じて実践することで、経営理念に「説得力」を持たせることができ、また、従業員も「実感・共感」できます。

◆「ぶれない」ことが大切

苦境に直面した時、経営判断に迷いが生じたとき、経営理念が規範となり、経営理念に沿った経営を実践することで苦境を抜け出す道が開けます。

経営理念は、経営の最も核になるものであり、経営者が経営理念に反する言動を取っていては、従業員は不信感を抱いてしまいます。経営者は、経営理念から「ぶれずに」、従業員をはじめとするステークホルダーと接することが大切です。

ポイント2　経営理念を社内に浸透する

◆理念を「形にする」のは従業員

経営理念を最終的に「形にする」のは経営者のみならず、「従業員一人ひとり」です。従業員が経営理念に従った判断・行動ができるようになるまで浸透することが大切です。

◆意図的な仕掛け・仕組み・工夫が有効

経営理念は簡単に社内に浸透するものではありません。会社の姿勢を示す大切なものであり、かつ、意識改革が必要だからこそ、従業員への浸透には時間がかかります。経営理念を真に従業員に浸透させるためには、経営者が実践して「行動で示す」ほかに、そのための仕組みづくりや工夫が必要です。

「理念を体現する会社」になれば、自然に「理念に共感する人」が集まってくる好循環が期待できます。

4. 経営理念の意義・必要性

ここで、経営理念の意義・必要性を確認しておきましょう。

一般的に「**経営理念**」とは、当該企業の**存在意義**と事業遂行時の**価値観**（何に重点を置いて事業を遂行しているか）を示すもので、**企業の魂**と言うべきものです。

ところが、企業の場合は、理念が無くても即機能不全になるわけではありません。なぜなら、企業の構成員たる人間は、本質的に意味のある人生を求めているからです。経営理念が無い、もしくは不明確な企業の構成員は、必然的にこの経営理念に代わるもの――**疑似理念**――を求めてしまうのです。そして、この疑似理念は、経営者の後ろ姿から従業員が勝手に判断して形成しますので、経営者の日頃の言動や行動が組織内に澱《おり》のように沈澱してしまうのです。これは、組織内にたまったヘドロですので、従業員はいつの間にかその価値観に毒されて、無意識のうちに誤った行動をとってしまうようになるのです。

もし、経営者が毎日、反社会的なことを言い続けていたらどうでしょうか。心ある人々は、その会社を去っていくことでしょう。もし、「売上げが第一」と言い続けていたら、法令に違反してでも売上げを上げる手段を取ってしまうかもしれません。

逆に、明文化されている経営理念が存在していなくても、経営者自身が人格的に素晴らしく、経営理念そのものといった会社もあります。ただ、この場合、代替わりをするときにバトンである経営理念をうまく伝えきれない可能性がありますので、やはり明文化すべきでしょう。

以上のように、経営理念は、当該企業の存在意義を明確にするだけではなく、事業遂行時の価値観を明示するものなので、それを**確立することで、意思決定と行動がぶれないための座標軸としての役割を担います**。これが経営理念が必要とされる理由と言ってよいでしょう。

5. 経営理念の要件

それでは、経営理念は、いかなる要件を具備する必要があるのでしょうか。

大和信春氏はその著『企業理念』において、活きた企業理念の要件として、目的性、倫理性、指針性、英知性、本望性、共有性、永遠性、具体性の八つを挙げています。以下、各々の内容を抜粋引用し説明します(i)。

①目的性
その企業の使命とするところ、志の部分である。・・・これからは人間として本気で追求したい価値を表現するような、一見従来型の企業の目的とは思われないようなものが増えるであろう。

②倫理性

社会的正義にかなう高度な価値を目指している。・・・倫理性とは、掲げる企業目的なり経営姿勢・就業姿勢が、できる限り普遍性のある社会適合性を備えていると言い換えてもよい。

③指針性

あらゆる業務活動のよりどころとなる。広範な現場の業務判断に関して根本指針として有効に機能するものでなくてはならない。

④英知性

守っていけば成功できる知恵を網羅している。・・・企業理念構築の指導は、企業繁栄の根本原則について、主義主張・意見の域を超えた洞察と知見を身に付けている必要があると言えるであろう。

⑤本望性

本物の企業理念には、心ある人に感動するものを与える力がある。（これによって、）同志集団的な活力を持つ企業づくりが可能となる。

⑥共有性
人は、「〇〇すべきである」という正論によって活動のエネルギーを得るのではなく、心から納得する価値に対して活力を発揮するのである。したがって、組織の総力を結集しようとする場合には、全体に、特に現場を担う一般従業員に共有されうる内容を持って指針を組み立てる必要がある。

⑦永遠性
末永く追求の対象として魅力を保つ。

目的を達成するということは目的を失うことである。そして、目的を失った組織は急速に老化・硬直化し、生命力を失っていく。・・・企業理念は、百年とか二百年位ではなく二千年位続く企業という視野で考えた方がよい。

⑧具体性
観念的・抽象的ではなく、実際に達成できる。

具体性があって初めて、さらに実現・実行のための計画や行動原則に展開できるからである。

一定の指標をつくることができ、達成度を数字で出せるぐらいの具体性が望まれる。

なお、同氏は、企業理念と経営理念を次のように区別しています。

「企業理念はその企業全体に関するもので、なおかつ『永遠』に一貫して変わらないことを志向している。これに対して経営理念は、その代の経営者が自身の経営活動に関して設定するもので、代が移れば変化しうる部分を指している。」(ii)

よく、経営理念は代替わりしたときに変えるべきかどうか、という質問を受けますが、このように企業理念と経営理念を区分すれば、このうちの経営理念は時代とともに変えるべきものと言うことができます。

ただ、本書では、一般的な慣行に従い、あえて企業理念と経営理念を同一のものとして取り扱うことにします。したがって、本書で言う経営理念は企業理念も包括するものとしています。

6. 経営理念への気づき

経営理念は、創業当時からあることは稀《まれ》で、何らかの課題に当たったときに気づくことが一般的です。

江戸期でも、元禄時代までの成長期に多数の商人たちが興隆しました。しかし、その後の享保の改革で、大多数が没落していったと言われています。これはすさまじいもので、一〇軒のうち、七、八軒は潰れたというのです。このときに、生き残った商人たちがとった行動について次のように書かれています。

「新興商人の創業者たちは、この事態をみて、自己の責任で決断し、己を律し、行動し、財を蓄えて不時に備えなければ、瞬時に企業が倒産するという新しい時代の自立の厳しさに痛感した。・・・この時期に家訓をつくり、商家の経営のあるべき姿を書きとめ、その実行を子々孫々にまで伝えた功績は大きい。」(iii)

江戸商人たちも大倒産時代を体験し、初めて、社会から生かされて生きていることを実感し、経営のあるべき姿を追求し実践することの重要性に目覚め、それを**家訓**という文書で遺《のこ》したわけです。

現代の日本でも大倒産時代が押し寄せているように感じます。その兆候はいくつかの点に現れてきています。

まず、一番目の兆候として、社長の年齢と後継者の不存在です。我が国の社長の平均年齢が約五十九歳五か月（帝国データバンク調べ『全国社長分析二〇〇九年版』）だという点です。さらに後継者がいない、あるいは明確になっていない割合も六三・三％（『中小企業白書二〇〇七年版』）になっています。企業はゴーイング・コンサーンと言われますが、これはあくまで、後継者にバトンをつなげられる場合に限るのであり、そうでなければその代で終わり、ということになりかねません。

二番目の兆候として、資金繰りに窮する企業が増加していることです。平成二十一年十二月に施行された「中小企業金融円滑化法」による条件変更の申し出は、平成二十二年九月現在で百十一万件を超えました。このうち、複数の金融機関との取引がある場合もありますので、それを平均三行としても、四十万社弱の中小企業が金融機関に条件変更を申し出ているのです。これは、我が国の中小企業者（会社・個人事業者）の約一割に相当します。

三番目の兆候として、国際化です。中小製造業でも力のあるところは海外に進出しています。もしくは、受注先に従って海外へ進出するところもあります。海外と交流が活発になれば、いずれ価格は海外の安いところが標準になっていくでしょう。現に、加工分野では、人件費の安いところと日本のコスト構造を比較したら太刀打ちはできません。

四番目の兆候として、国家や地方公共団体の財政悪化です。これはだいぶ前から問題となっていますが、財政の硬直化により政策経費が削られ、公共事業費等は激減しています。この結果、公共事業頼みの地方の建設業は軒並み苦戦を強いられています。

このような経済・社会環境の認識から、私は、今まさに、江戸時代で言えば、享保の改革の時代のような大倒産時代に入ったと予測するわけです。しかし、享保の時代の賢明な商人たちは、このような環境下でも生き延びたのです。今こそ、我々は、この歴史に学び、次の世代への足固めをすべきであると思うのです。

7. 企業経営の本質を探究せよ！

だからこそ、今は企業経営の本質を探究し、それを具現化するための指針である経営理念を制定し、それを実践すべきなのです。

企業経営の本質については第1章で詳述済みですので、ここでは詳細には取り上げませんが、例えば資金繰りに窮するという現実が起こった場合、その現象面にとらわれることなく、その原因を追究すべきです。

一般的には、「売上高が下がったこと」が原因と思われるようです。しかし、原因の追究をこのレベルでとどめるのは、あまりに表層的です。『大學』の本末論にもあるように、本を正さずして良い結果を得ることはできないのです。

売上高の本質は何でしょうか。**売上高は、お客様**（ひいては社会）**の喜びの総和**と考えると、売上高が下がるのは、貢献力が乏しくなったからだ、と考えるべきなのです。貢献力が乏しくなるのは、商品・サービスそのものが時代に適合しなくなっていたり、その提供の仕方が良くなかったりするからです。**本当の商品力は、商品そのものの力とそれを提供する人間の人格（人間力）によって決定されます**。そうであれば、経営者と従業員がそれらを謙虚に分析するとともに、不断の経営革新（新たな取組み）を続けなければ企業の存続も難しくなります。もちろん、この新たな取組みは、経営理念に沿い、それを具現化するものでなければならないことは言うまでもありません。

それでは、もし、この時点で経営の目的や姿勢を示す経営理念が存在しなければどうなるか。意思決定の結果がぶれてしまうのです。すなわち、**資金繰り悪化や貢献力低下の真因は経営理念の不存在そのものにある**と言えるのです。だから、企業を永続・発展させるためにその中核としての経営理念は欠かせないものと言えるのです。

8. 経営理念はどこから来るのか

それでは、経営理念を制定する上で何を参考にすればよいのでしょうか。経営理念を構築することは真理を探究することでもあります。古来真理を探究するには三つの方法があると言われています。すなわち、第一に天、第二に師、第三に書です。

教祖と呼ばれる存在である、ブッダやキリストは何によって真理を探究したのでしょうか。例えばブッダは、禅定《ぜんじょう》により、誰に頼ることなく、悟りを開きました。このように教祖は、瞑想等の手段により、直接天（大自然・大宇宙）との交流により、真理を究めたのです。また、自然界の理法を感得することも、この方法に入るでしょう。

これに対し、その弟子たちは、師の教え、導きによって真理を究めることになりました（もちろん瞑想等の実践も行っています）。

しかし、時代は下り、直接教えを聞いた弟子たちもいなくなります。そこでは、教祖の言行録が教典として編さんされ、それに頼るようになったのです。仏典や論語などの中国の思想書がこれに当たります。ところが、これは、文書化されていることで、読む人によって受け取るニュアンスが異なってしまうという問題点があります。そこで、繰り返し読みつつ、自分と対話をするという作業を通じた読書の方法が不可欠なのです。例えば、古典は読む世代によって感じるところが大きく変わったり、二十代で理解できなかったことが四十代になって初めて理解できたりするということもあります。

これは私見ですが、知識とは、外から与えられるものでなく、自分の内なる世界から、汲《く》み上げるものだと思います。自分の内なる世界は極めて広大であり、それは宇宙にさえつながっており、ありとあらゆるものが詰まっている世界です。しかし、幸か不幸か、この世に生を享《う》けた時点で大方の人は、この事実を忘れてしまいます。そして、知識は、自分の外側にある、そして、それを吸収しようとします。しかし、本当は、外側にある知識を学ぶことで、自分の内側にある知識を引き出し、汲み出すのではないでしょうか。古典の文言の中には、「ああ、そうか、そうだったんだ」と感動と共にすっと自分の心に入るものがあります。これは外から入るというより、内側にあるものに「気づいた」感動なのではないでしょうか。

9. 経営理念の効果

「研究会報告書」では、経営理念の効果を次のように説明しています。

　文章等にて経営理念が明確化されていれば、経営者がすべてを語る労力が減り、日常的な「指示の背景」や「経営に係る考え方」を従業員に明確に伝えることができる。しかしながら、経営理念を作って明確化させるのみでは不十分である。一般的に文章化して社内に掲示するのみでは、経営理念は必ずしも実践されない。経営理念を経営に反映していくには「経営者自身の実践」と「ぶれない実践」の二つが重要になる。

(1) 経営者自身の実践

理念を示すのみで、「後は従業員にすべてまかせる」状態では、必ずしも従業員が

「経営理念が大切である」と実感するとは限らない。まずは経営者自身が経営理念を率先して実践することが大切であると考える。経営者自らが実践することで、経営理念に説得力を持たせることができるほか、従業員も文章のみでは読み取ることが難しい行動の判断軸や行動指針を日々の仕事の中で実感・共感することができるようになる。

(2) ぶれない実践

企業を経営するうえで苦境に直面した時、経営判断に迷いが生じたとき、経営理念が規範となり、経営理念に沿った経営を実践することで苦境から抜け出すこともある。経営理念は経営の最も核になるものであるため、理念で謳《うた》った内容をもとに経営判断をしていなければ理念に説得力を持たせることは困難である。特に、経営者が理念と正反対の言動を取れば従業員に不信感を与えることになる。経営者は経営理念からぶれずに、従業員をはじめとするステークホルダーと接することが大切である。

ここでの教訓は、**経営者は経営理念の最初の実践者であり、体現者である**ということです。経営者が自ら経営理念を実践できなくては、社内に浸透させることは不可能だということです。

活力ある中小企業は経営理念を明確化

Q：経営理念を明確化しているか

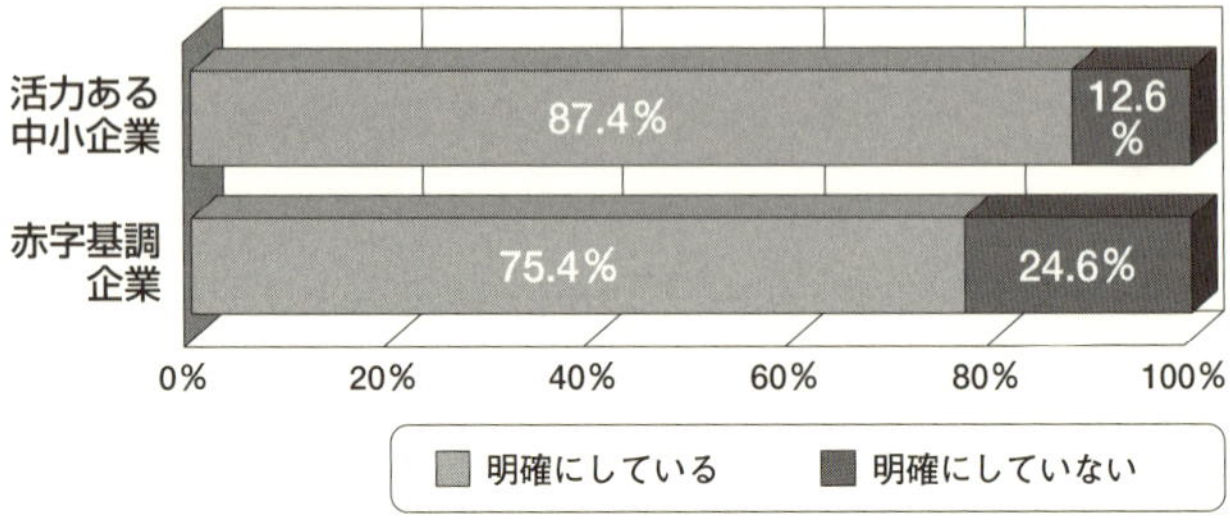

活力ある中小企業は経営理念が浸透

Q：経営理念は社内に浸透しているか

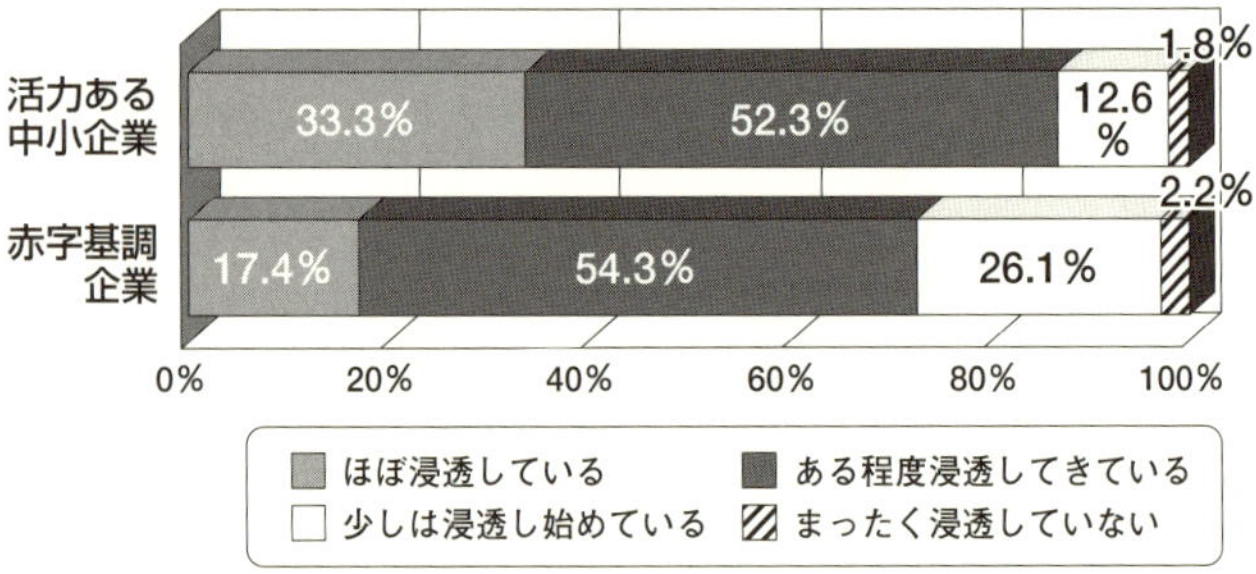

活力ある中小企業は経営理念を実践

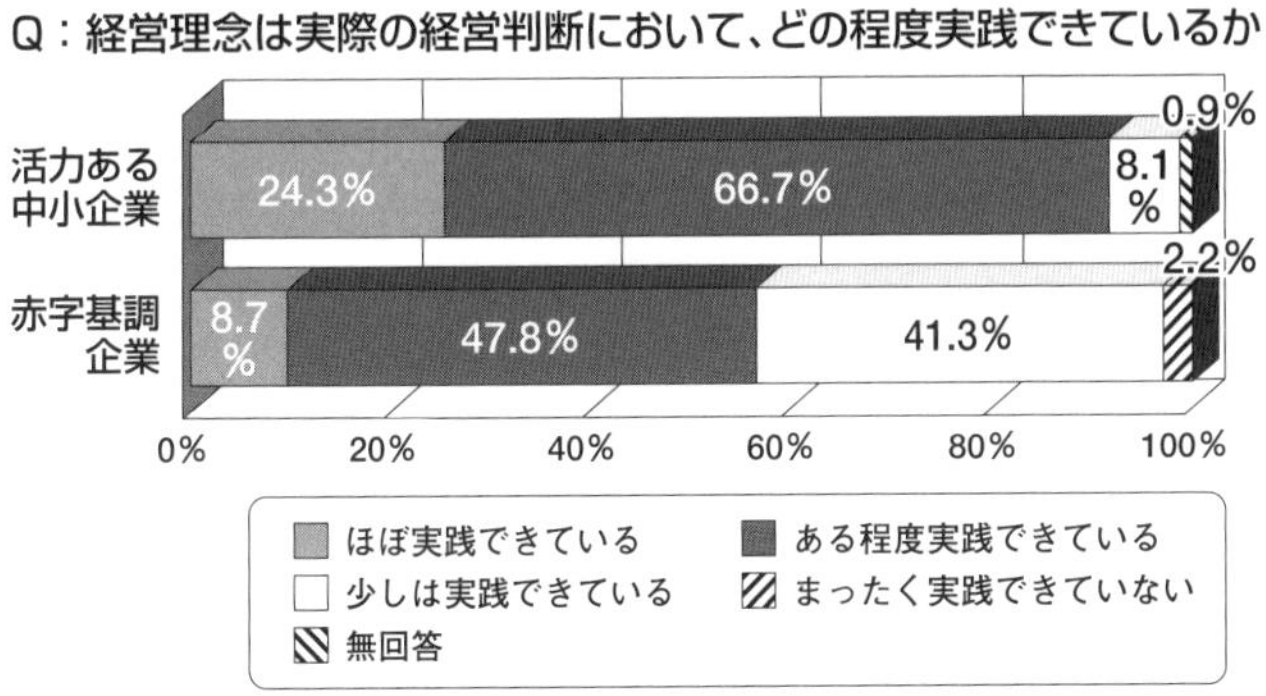

10. 経営理念の浸透方法

次に、経営理念の社内への浸透の方法として、同報告書では、次のように説明しました。

(1) 従業員による理念の体現

経営理念を率先して体現するのは経営者自身だが、最終的に経営理念を体現するのは「従業員一人ひとり」である。よって、従業員が経営理念に従った判断・行動ができるようになるまで理念を社内に浸透させることが大切である。そのためには、経営者による実践のほか、浸透のための意図的な仕掛け・仕組み・工夫が必要になる。

(2) 経営理念浸透のための仕掛け・仕組み・工夫

経営理念は簡単に社内に浸透するものではない。会社の姿勢・スタンスを示す大切なものであり、かつ従業員の意識改革が伴うため、その浸透には時間を要する。経営理念浸透のために、活力ある中小企業はさまざまな取り組みを実践している。

例えば、「朝礼や会議で訓話する」といっても、従業員が理解しやすいように、直近に起きた出来事、具体的な話題に置き換えて説明する、各々に合った説明の仕方をする等の工夫が必要である。また、事あるごとに自分の考え方を説明する（なぜ、この状況でこのような判断をしたか等）ことも大切である。

一方、経営理念等を従業員との協同作業で策定することで、より従業員自身が理念を守る動機付けにする企業もある。

いずれにしても、浸透には「時間をかけて繰り返す・解かりやすく具体的な事例を持って説明する」ことが必要になる。

具体的な経営理念の浸透方法には次のようなものがあります。

・朝礼や会議等にて唱和している

・朝礼や会議等で経営者から訓話をする

・経営理念の浸透・体現を目指した教材や冊子等を作成している
・経営理念の浸透・体現を目的とした合宿や研修を実施している
・経営理念に即して従業員の具体的な行動目標・行動課題を策定している
・経営者自らが日常的に経営理念を体現する行動をとる

(1) 唱和・訓話

朝礼や会議時の経営理念の唱和は一般的に行われていることです。これは繰り返すことで潜在意識に落とし込むことでもあります。しかし、この方法の問題点は、マンネリ化して唱和しているだけでは有効に機能しない点です。

そこで、経営者の挨拶や訓話によって、経営理念をわかりやすく解説することが必要になります。また、これらの訓話は、録音し、文書化し、社内報等に掲載することも効果的です。また、これを自社ホームページに経営者からのメッセージとして載せているケースもあります。

(2) 小冊子の配布

経営理念の解説や一連の行動指針等をまとめて小冊子にするケースがあります。なお、これを経営方針書・計画書に記載することもあります。これは、当該企業の憲法に当たりますので、従業員が迷ったときに、原点であるこの小冊子に戻るように習慣化するまで持っていきます。

そのためには、配布するだけでなく、この小冊子を参考として、訓話や研修を行います。

(3) 研修

経営理念を浸透させるためには、定期的な研修が不可欠です。なお、これは、外部講師を依頼するより、社長自ら講師になる方が効果的です。また、従業員が経営理念実践例を発表し合うのもよいでしょう。

(4) 行動基準の制定

経営理念が抽象的である場合には、それを詳細にかつ理解しやすいように、行動基準や倫理基準を制定する場合があります。例えば、ある会社では、経営理念を補強するために、行動基準として次のようなものを制定しています。

正しい生き方をするために次の行動基準に沿って行動します。
①他人を傷つけていないか
②うそや偽装はしていないか
③自然の摂理に反してはいないか
④社会的正義に反してはいないか
⑤愛する家族に供したいか
⑥地球環境を大切にしているか

(5) 経営者自らの実践

これについては、前述した通りであり、解説は省略します。

事例1
「親孝行、人間大好き」の理念を掲げ、お客様に感動を与える
～㈱坂東太郎

「親孝行、人間大好き」を経営理念に掲げる(株)坂東太郎の青谷洋治社長

【企業データ】
株式会社 坂東太郎
創業　昭和五〇年四月
業種　外食産業（郊外型和食レストラン）
資本金　四〇〇〇万円
従業員数　一六〇〇名（パート含む）

取材日：平成二三年一月二四日

■『事業発展計画発表会』を開催して経営理念を伝える

北関東を中心に郊外型和食レストランチェーンを展

開する株式会社坂東太郎は、一店舗しかなかった時代から「事業発展計画発表会」を行っています。今でこそ全店舗を休みにして、一〇〇〇人以上を集めて行うほど大規模なものですが、始めた当初は、社長の青谷洋治氏が手書きの資料を基に事業計画を説明しながら、一〇人くらいの従業員と食事会をするというものでした。「事業発展計画発表会」を行うようになったきっかけは、事業計画がなければお金が借りられないという事情もあったのですが、それ以上に従業員一人ひとりの意思統一を図り、創業時の経営理念である「親孝行」を浸透させていかなければ会社の継続・発展はないという危機感があったからだったといいます。

坂東太郎の経営理念である「親孝行」

「親」とは、目上の人、上司、先輩、親、すべてお世話になった人を言います。
「孝」とは、相手に理解していただくまで誠心誠意人に尽くすことです。
「行」とは、自らの行動で実行し続けることです。

青谷社長は母親を早くに亡くしたので親孝行を満足にできず、その大切さを身にしみて知っているのでこの言葉を会社の経営理念に掲げずにはいられなかったといいます。ところが、若い従業員から「親孝行という言葉は古臭い」と言われ、親孝行のように相手を思いやる行動は人間が大好きでなければできないことなので、「人間大好き」という言葉を後から加え、「親孝行、人間大好き」としたそうです。

■研修や旅行を通して経営理念を浸透させる

同社では、その社風に慣れてもらうため、新入社員を入社前から事業発展計画発表会に呼んでいますが、「親孝行」を経営理念に掲げていることもあり、家族も一緒に呼ぶようにしています。家族ぐるみで会社をよく知ってもらい、好きになってもらうことが大切だと考えているからです。

新入社員には、二泊三日の研修を行っていますが、研修の中身は、「あいさつ」「返事」「お辞儀」などです。このような基本的なことを徹底して行っていくことが大切だと社長は言います。「『当たり前を徹底すると、それは特別になる』という体験をしてもらうことで新入社員の目が輝くんです。」と語る通り、新入社員の研修後の表情は生き生きしたものに変わるといいます。

こうした基本行動の研修を当社が重視しているのは、経営理念である「親孝行」もまた当たり前のことであっても、実行に移せない人が多いことに着眼し、自分の殻を破り、当たり前のことがきちんとできる人間になることを促すねらいがあるようです。

このほかに、経営理念の浸透に社内旅行も重要な役割を果たしているといいます。社内旅行には事業計画発表会以上にエネルギーを費やしており、全従業員で旅をする中でコミュニケーションを高めるようにしています。宿に着いたら全員参加の宴会を夜の六時から一二時まで開催し、その後は従業員が交替で社長の部屋を訪れて社長と話をするのです。社長が直接、従業員一人ひとりと打ち解けた雰囲気の中で語り合うことによって、従業員は感動し、それが明日への活力につながるといいます。

こうした取り組みを行っている同社ですが、青谷社長は三〇年たってようやく経営理念が浸透してきたと言います。

「この言葉を掲げた当初は、親孝行は当たり前の時代だったため、この理念に疑問を感じる従業員が多く、なかなか浸透しなかったのです。みんなが行動として動き出すこと、つまり経営理念が会社を動かすようになってはじめて経営理念が浸透したと言えますが、そういう状況は一年二年で実現することは難しいでしょうね。だから、経営理念はできるだけ早く作る必要があると思います。」

■経営理念に基づいた店舗展開

同社では経営理念に基づき、やみくもに規模や効率を求めず、お客様の満足を重視しながら店舗展開をしてきたといいます。そうした中で「家族レストラン」というテーマの新店舗をオープンさせました。このレストランには、社長が考える「家族の原風景」を復活させるためのさまざまな工夫を凝らしています。まず入口に庭園を造ることで、お店に入る前に家族がいろいろな花や草木を見ながら会話がはずむように配慮しています。さらに各個室には、お客様が自分でお茶を入れられるようになっており、自由に使える「ラボ」という厨房では、子供がお母さんやおばあちゃんの誕生日にケーキを作ったり、逆におばあちゃんが子どもや孫に料理を教えたりできます。これらはすべて「家族の絆」を深めるというコンセプトを形にしたものであるといえます。

多くの飲食店が効率を求めた店舗づくりを行っており、同社のような「非効率」なやり方をとっていない中で、このような試みは同社の大きな特長であり魅力につながっています。

このようなサービスを行う店舗で働く従業員の負担は小さくありませんが、青谷社長はこう言います。

「やりやすいということは、今までと変わっていないということです。やりにくいということはつまり、今までのやり方を変えることができた、改革ができたということであり、これは喜ぶべきことです。従業員の働きやすさの追求は改善であり、改革の後に行うものです。」

■理念と愛情が浸透すればたくさんの感動が生まれる

経営理念を社内に浸透させるさまざまな取り組みの結果、当社では、感動的なエピソードが多く生まれています。

三月の桜が咲いたある日、突然季節外れの雪が降ってきたのですが、そのときに一人の従業員が傘を持ってお店の外でお客様を出迎え、それに感動したお客様から社長へ「親切なお店ですね」と電話があったそうです。そうしなければならないという決まりがあったわけではありません。従業員が自ら判断して行動を起こしたのです。

また、お店によく来てくれていた高齢のお客様の来店する理由が「ここに来ると話がで

「家族の絆」をテーマに誕生した、家族レストラン、坂東太郎

きるから」ということだったそうです。話し相手になるだけでなく、その人が一人暮らしをしているからと、従業員がメニューにはないおにぎりや温野菜を作って、そのお客様が帰る時に渡していたのですが、そうした話が近所の方にも伝わり、このお客様が他界した後で、「お店の従業員さんがいろいろとお世話をしてくれたんですよ。」と社長に伝えてくれたこともありました。

こうしたことはまさに「親孝行　人間大好き」の実践であり、その結果として同店の熱烈なファン作りにつながっているといいます。

従業員が自然にこうした行動を起こすようになったのは、社長が従業員一人ひとりの幸せを本気で考えているからではないかと思われます。

「会社は家族と同じで、親父（トップ）の愛情不足が原因で全員バラバラになり、そして離れてしまう。だから私が従業員一人ひとりに愛情を注ぎ、彼らと夢を共有し、実現することでお給料を払う以上に大切なことを提供したいと考えています。従業員の幸せや成長があってこそ会社の成長があるのです。坂東太郎という会社を、広く世の中の役に立てる人材を育てる学校のようにしたいのです。」と語るように、青谷社長にとって利益は単なる手段であり、地域に役立つ人材を育てることこそ最も重要だと考えています。これが同社の発展の最大の理由ではないでしょうか。

i　『企業理念』（１９９２年５月）Ｐ18～33　大和信春著　Ｔｈｉｎｋ Ｗｏｒｌｄ出版
ii　同Ｐ39
iii　『江戸商人の思想』（２０１０年５月第１版第１刷）Ｐ46　平田雅彦著　日経ＢＰ社

第3章

人づくりが未来を創る！年輪を刻み、想いを継承する

「人にして、遠き慮《おもんばか》り無ければ、必ず近き憂い有り」（『論語』衛霊公編）

1．研究会が提示した活力企業のポイント

研究会では、ポイントの３と４で、人づくりの目標を**自立・創造**とし、かつ、**長期的**に取り組まなければならないと指摘しました（以下、同報告書を抜粋引用します）。

ポイント3　自立・創造できる人づくりに取り組む

◆人づくりは組織風土・環境づくりと両輪

経営者と従業員が経営理念を共有し、経営理念や目標に向かって進むためには、人づくりと組織風土・環境づくりが必要です。

特に、企業経営においては、「人づくり」が重要です。「組織風土」はすべて「人」の中に蓄積し、「人」を通して発揮されるためです。

なお、ここで注意すべき「人づくり」とは、変わり続けるビジネス環境に対応できるよう、自分で考え行動する人間、すなわち「自立性と創造性のある人をつくる」ことです。

◆人づくりは経営者のためでもある

人づくりが進めば、現場の従業員からさまざまな意見や提案が生み出されることが期待できます。その結果、社長は「社長にしかできないこと」に注力することが可能となります。

ポイント4　長期的な視点で人づくりに取り組む

◆時間がかかる人づくり

人づくりは短期間ではできません。自分で考え、創造することができるイノベーティブな人材を育成するためには長期的な視点で取り組むことが必要です。一方で、中小製造業には「技能継承」の問題もあります。競争力の源泉になるコアな部分は簡単には継承できません。

◆安定的な関係を構築する

正社員として長期継続的な雇用を実現することは、従業員との信頼関係を維持するうえで大切です。また、事業の継続のためには、計画的な人員採用も必要です。新卒を定期的に採用するのは、組織内の年齢構成のバランスをとって仕事や技能の継承を円滑にする効果があるほか、経営理念や組織風土を共有する社員を長期的に育成する点でも有効です。

2. 人の成長の場としての企業風土

仏教では、すべての結果には原因があり、善き種を蒔けば善き結果が生じ、悪しき種を蒔けば悪しき結果が生じる、と説いています**（因果論）**。しかし、たとえ善き種を蒔いても畑が荒れていたらどうでしょうか。残念ながら善き収穫を得ることは困難でしょう。なぜなら、その種を生育させるためには、肥沃な土壌、適度の水分・太陽光線・肥料などが不可欠だからです。これら生育の**条件を仏教では「縁」**といい、**ものごとは、「因」と「縁」の関係から生じるとしている**のです**（因縁）**。

これは、人間にも、人間の集団である企業にも当てはまります。これらの関係を図示すると次頁の通りです。

すなわち、人間においては、願望を実現するためには、「潜在意識」にそれを落とし込み、それも具体的・ビジュアル的に表現せよ、といわれています。しかし、**潜在意識（正**

確には、顕在意識と潜在意識との間にある想念帯）が荒れていたら、どのような願望を潜在意識に落とし込もうとしても落としきれるものではありません。この結果、願望は実現しないのです。

人間の集合体である企業でも同様です。経営者が崇高な経営理念や経営方針を企業内に浸透させようとしても、**企業風土が荒れていれば浸透せず、結果として業績も向上しにくくなる**のです。上の図でも理解できるように、畑に相当するものが、人間にとっては「潜在意識」であり、企業にとっては「企業風土」です。すなわち、**企業風土を整え、良好に保つことは、企業業績を中長期的に向上させるための鍵といっても過言ではない**のです。また、これらの良しあしは、人に蓄積されますので、新入社員もそれに染まっ

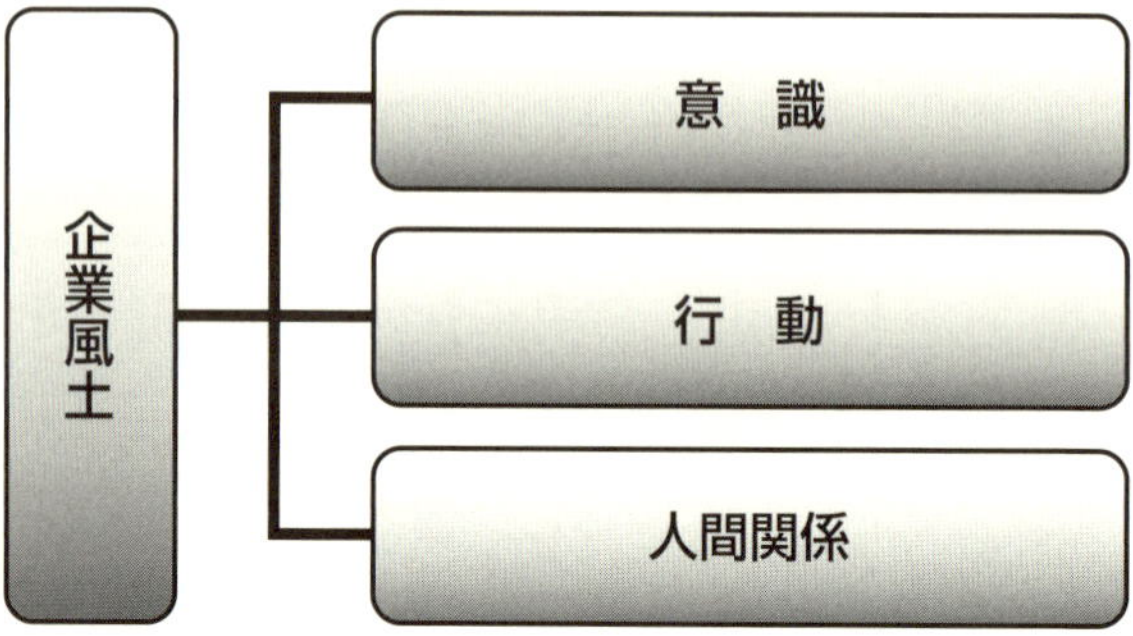

てきます。つまり、良好な企業風土を保つことは、新人教育の土壌にもなるわけです。

よく、この会社の社風はいいとか悪いとか言われます。企業風土は、そこに集う人々の「**意識**」と「**行動**」と「**人間関係**」から醸し出されてくると言われています。経営者の理念や人生の意味をよく理解し、その実現をしたいという意識の高い人々が集合している会社と、ただ単に食べるための給料だけ稼げればいいという意識を持った人々が集った会社とでは、どちらの社風が良好だといえるでしょうか。当然、前者です。

また、社外でマナー研修や意識向上の研修を受講し、数日はそれを実行していても、いつの間にか元に戻ってしまうことがあります。これも、企業風土に染まってしまう結果なのです。

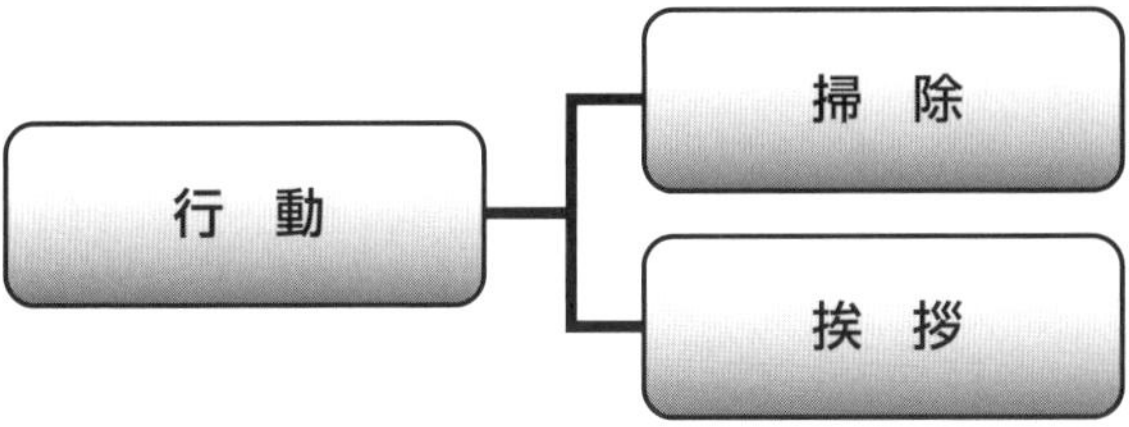

このような場合に、企業風土を良好にするために、まず「意識」を変えるべきだという意見があります。「意識を変えろ！」と命令するのは簡単なことですが、残念ながら、成功は難しいものです。なぜなら、**人間には自由意志があり、人の命令によって意識を変えることは困難**だからです。この**自由意志は感動体験や気づきによって触発され、「自分」で決意することでしかそれを変えることができない**からです。

それでは、どうすべきでしょうか。実は「行動」を変えることが企業風土を変える最も近道なのです。**行動は習慣になり、習慣こそが意識を変えていく**のです。

この行動とは、「**掃除**」と「**挨拶**」です。

仏教にもこの類《たぐい》の話はでてきます。お釈迦様の弟子に周利槃得《しゅりはんどく》という、どうしても法話が理解できない弟子がいました。その弟子にお釈迦様は「掃除に励め」と命じたのです。その結果、その弟子は悟りを開き、その掃除の時の後ろ姿で人々を感化したといいます。

このように、企業風土を良好に保てば、経営理念など経営者の意図は確実に浸透していくのです。もし、自分の経営理念や経営計画が浸透しにくいと思ったら、まず、企業風土に目を向けるべきでしょう。

3. 長期安定雇用は従業員の安心感の源泉

現代では、人件費をコストととらえることが多くなったためか(i)、短期雇用や派遣労働によって切り詰めることが多くなりました。しかし、いつ首になるかわからないような雇用形態では、安心して自己の将来設計を描くことも難しく、帰属意識も乏しくなります。そのような人々に理念やノウハウを蓄積してもらうことは難しく、組織に帰属することで安心感を得られなければ、業務に真剣に打ち込むことは不可能でしょう。

また現在は、社会が多様化したためか、「自分探し」が流行っているようです。そのために、企業以外のさまざまな団体やサークルに参加することで自分の居場所を確認しようとする人もでてきました。特に新人にいえることですが、与えられた持ち場で全力を尽くせない人が、他のところで成果を出せるわけはありません。

その団体の目的を追求することが自分の夢の実現につながるとの気概から参画している

場合は問題ないのですが、居場所を求めてただ参加しているというのではかなり問題があるのではないでしょうか。

地域の各種団体で役員等として活躍しているが、自社の業績はいまいち、というのでは本末転倒だと思います。やはり、**社会貢献は、まず自社で税金の納付や雇用の促進を通じて行うのが王道**だと思います。そして、その余力でボランティア活動に励めばよいのです。

私は、三十代にＪＣやＰＴＡ等のボランティア活動を盛んに行っていた経験もありますので、これらの団体への参加を否定しているのではありません。駄目な人は、ＪＣの活動時間等に遅れて「仕事が忙しい」を口癖にしていました。きっと、仕事の時は「ＪＣが忙しい」と言うのでしょう。人間は、分身の術が使えるわけではありませんので、その場ではそこにエネルギー・意識を集中すべきだと言いたいのです。仕事も同様で、たいていの人は仕事時間に集中せず、さまざまな妄想の中で意識が分散した状態でいます。それでは成果が出るわけがありません。

人間は何らかの団体に所属することで、自分の立ち位置を確認します。そして、帰属することで心の安定や安心を得ようとします。本来は、その安心感は企業が提供すべきだと思います。高度経済成長時代は、終身雇用という制度によって企業がその役割を担っていたのでした。終身雇用と年功序列賃金によって、誰もが安心して将来設計を描けたのです。また、その安心感がベースとなって、企業への貢献度も高まったのでした。

現在、新卒の就職内定率も低下し、働きたくとも働けない若者が増えています。また、家庭教育、学校教育から人間教育がほとんど失われてしまった現在において、最後に残された砦は企業教育しかありません。すなわち、企業は、若者たちに、**雇用を通じて人生の安定を支援し、人間としての成長の場を提供する**という崇高な役割を担うべき時代が来たと言えるのです。

「研究会報告書」でも活力ある中小企業ほど新卒の正社員の雇用割合が多いというアンケート結果（１１１頁）が出ましたが、これも以上の点を裏付けていると言えそうです。

活力ある中小企業の経営者は「人材育成・教育」を重視

Q:経営者として最も時間を費やしている業務は何か
（人材育成・教育と回答した割合）

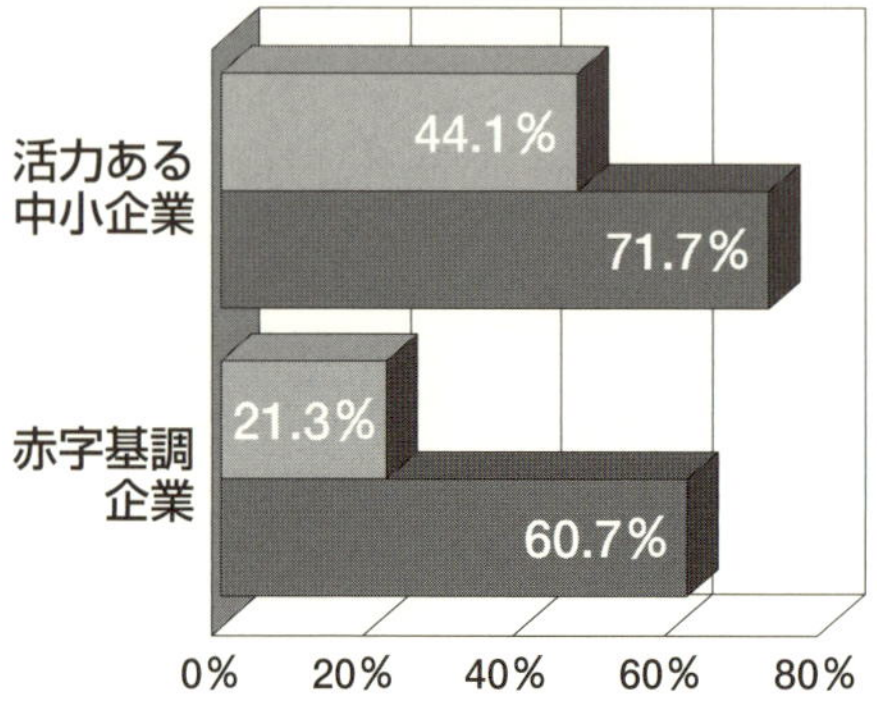

Q:今後の企業経営において重視したいものは
（人財教育と回答した割合）

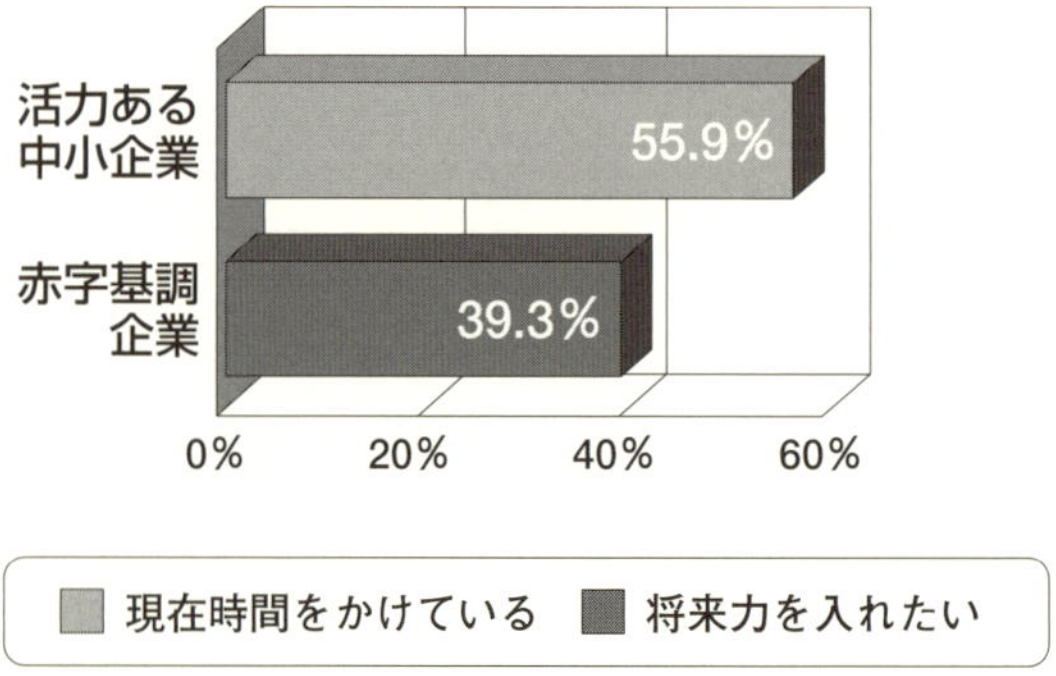

活力ある中小企業は正社員比率、新卒採用率が高い

Q：過去3年間の新規採用における新卒割合は

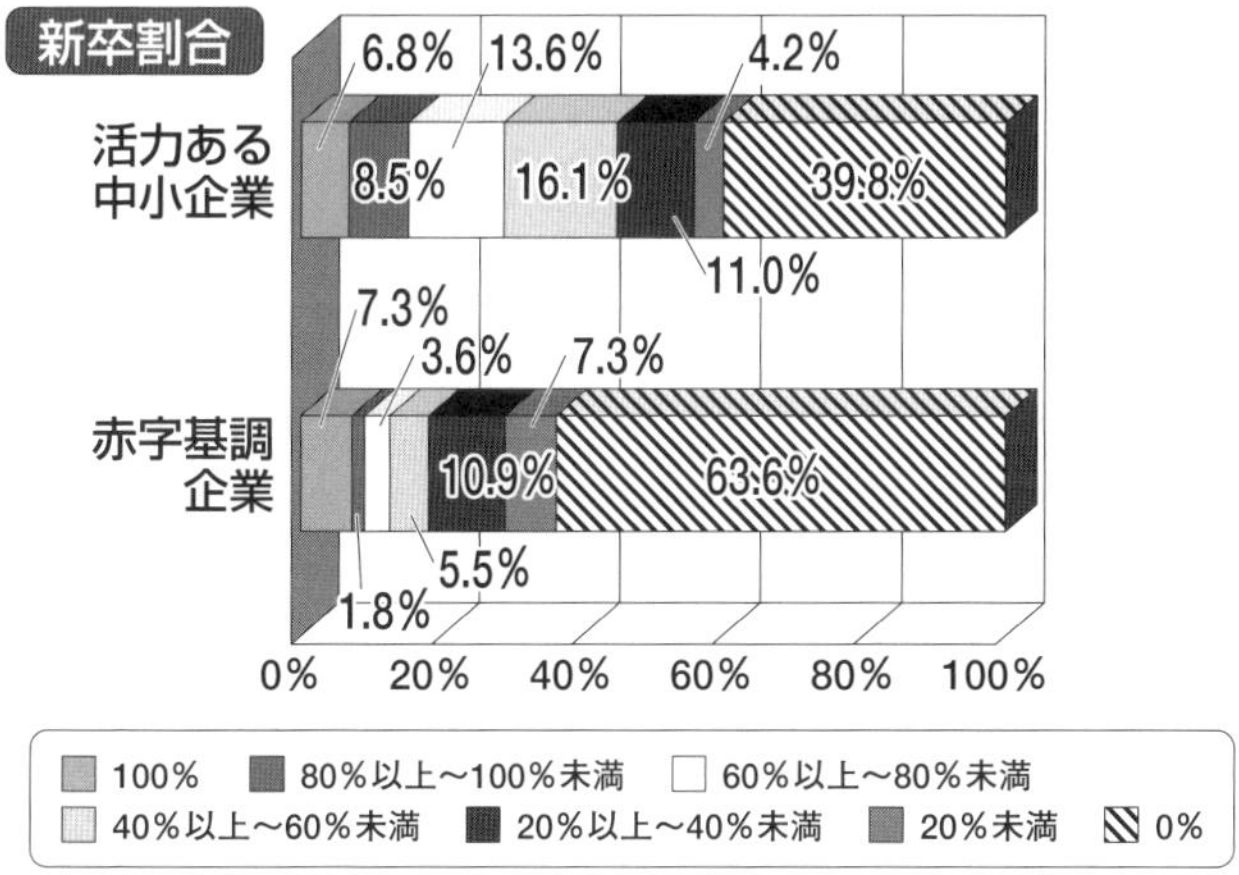

Q：従業員の正社員比率は

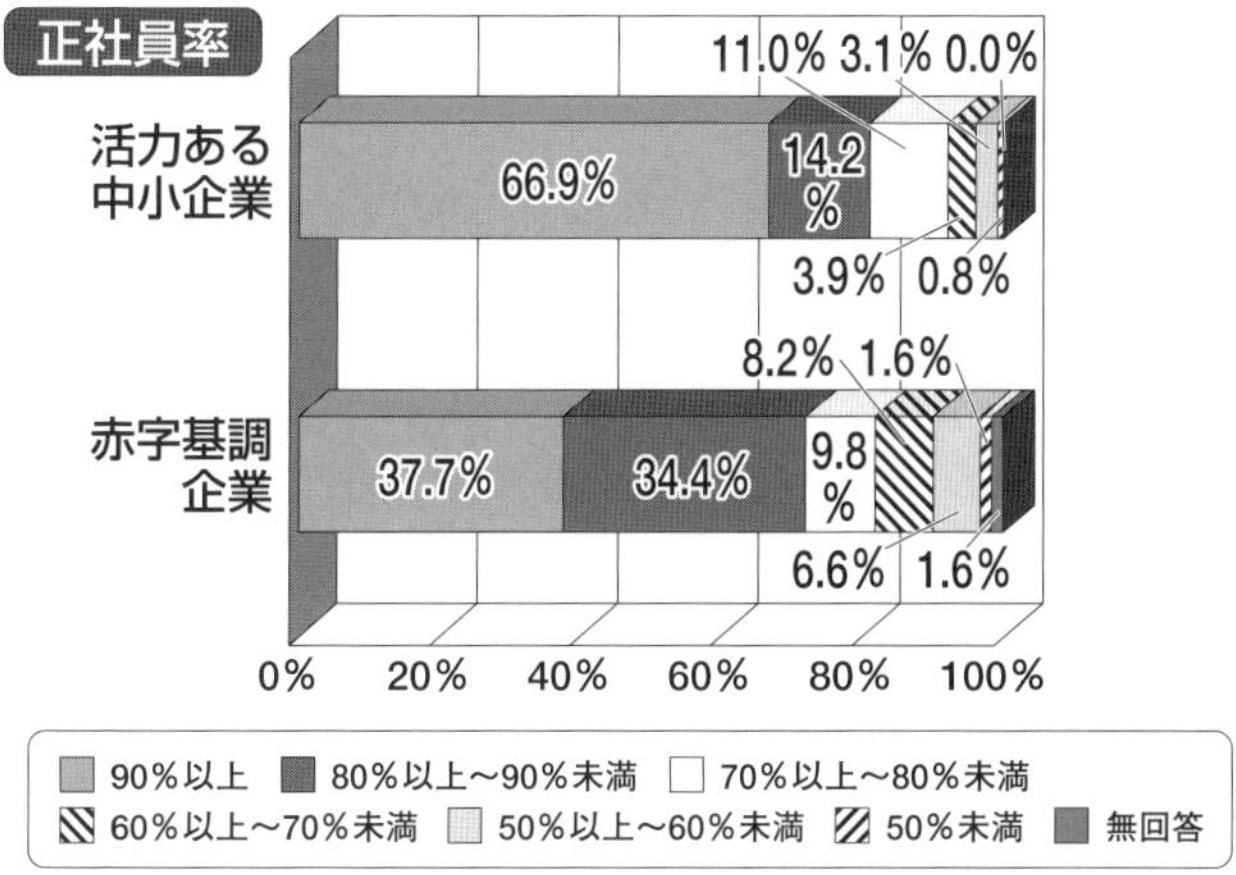

4. 多様化した人材をどのように扱うべきか

人は自由意志を持っていることから、企業側の主張に従うよう強制することはできません。従業員はこれに納得する場合にのみ、企業への貢献を行うと考えられます。また働き方一つをとっても、その要求のすべてを満足させることは容易ではありません。

例えば、子育てや勉強のために、一定の時間だけ働きたいという要求もあります。その場合はパート等の短期雇用もあってしかるべきだと思います。

現代のように、経済的に豊かになれば、当然のように人々の意識は多様化します。これは、貧しい時代には「末は博士か大臣か」のように成功のモデルが限られていたことに対して、それが複線化しているからです。しかし、私は、多様化の名に借りた「ワガママ」も多く混じっているように思えてなりません。時代が変われども、成長と貢献という、幸福の公式は変わらないのではないでしょうか。

Ｐ．Ｆ．ドラッカーは、「**知識労働者**」(ii)という概念を提示しました。知識労働者こそ現代社会の主流であり、彼らは、自ら目標を定め、自らを律し、成果を出す者とされています。研究会報告書でも、「人づくり」の目標を「自立性と創造性のある人をつくる」こと、としましたが、これは、ドラッカーの言う「知識労働者」であると言ってもよいでしょう。ここで興味深いことは、ドラッカーは知識労働者の対義語として、肉体労働者だけではなく、マニュアル・ワーカーと言っている点です。これは人間の本質をついています。なぜなら、人間は、自ら燃える者と他者から火をつけられて燃える者と、火をつけられても燃えない者とに分かれます。最後の**不燃性人間**はどうしようもありません。**自燃性人間**が企業における「自立性と創造性のある人」に相当するとすれば、問題は、**他燃性人間**をどう扱うかということなのです。もし、全員がプロ化し自燃性人間になれば、経営者はオーケストラの指揮者と同様の経営方法(iii)を取ることができます。ところが、他燃性人間は、指揮棒を振りまわしても、その通り行動するとは限りません。それは、まだまだ業務に対する習熟度が低いからです。その場合には、習熟するまでは、自燃性人間の側で「マニュアル」をつくり、それに沿って仕事をしてもらうことを依頼するほかありません。このような人をマニュアル・ワーカーと呼ぶわけです。この意味で、一定の分割された業務を効率よく行い、一定の水準の成果を出してもらうためには、マニュアルも必要なのです。
しかし、マニュアルからは感動は生まれません。これからの商品・サービスは「満足レベル」を超えた「感動レベル」が要求されていますので、他燃性人間にも業務の習熟と動機付けによる自燃性人間への移行が求められてくるのです。

全員正社員でも継続して業績を向上させている、岡山市が本社の㈱クロスカンパニーという会社があります。以下、日本経済新聞（平成二十三年一月十七日）の記事を抜粋引用します（傍点著者）。

「ユニークな制度の原点は創業時にある。石川康晴社長（四十）は著名なアパレルの首脳に経営の要諦を聞いて回ったが、返ってきたのは「人件費を経営の調整弁に使え」という話ばかり。非正規社員主体の運営を勧める先輩たちの話に違和感を覚え、正社員だけの会社にすることを決意する。

現実は厳しかった。全社員の9割以上が女性。働きたくても結婚、出産、育児、介護などの理由で職場を去る社員を目の当たりにした。女性の終身雇用を実現できないと、正社員だけの会社の意味がない。仕事か家庭かで悩む社員から『どうすれば辞めなくて済むか』を徹底的に聞いた。

試行錯誤を重ねて制度を充実。4時間、6時間の短期間勤務、最長十二週の長期休暇。法定基準を上回る休暇制度も多い。最長十三か月の育児休暇は子どもの一歳の誕生日を家族と過ごしたいという声から生まれた。

小売・飲食業の最前線はパートなど非正規社員が一般的。人件費が安く、繁閑に合わせた勤務体系も容易に組めるからだ。石川社長も試験的にパートを雇ったこともあるが、すぐやめた。接客技術が正社員よりも劣り、販売効率が悪化したためだ。商品・ブランドが醸し出す世界を来店客に丁寧に説明しないと衣料品は売れないことを痛感した。

業容の拡大で人件費負担は無視できない。だが、石川社長は『接客術が伴えば客単価が上がり、デフレの抵抗力にもつながる』と強い信念を持つ。『組織の一体感によって会社が目指す方向性を共有できる』（石川社長）ことが背景だ。」

このように目先の利益を追わず、会社の目的と責任を真摯《しんし》に考え実行し、かつ、成果を出している企業も存在するのです。

5．人は毎年歳を取るという真理

「人は毎年歳を取る」という真理は誰にも否定できません。次頁の図は、畏友㈱シンデン代表取締役社長八木仁氏から教えていただいた表です。

これは、人別の年齢を時系列に表示し、平均年齢を算出するという単純なものですが、数年前に教えていただいたその夜に自分の事務所の年齢表を作成してみて愕然としました。もし、新入社員が入らず、そのままの状態であったら、間違いなく、毎年、平均年齢は一歳ずつ上昇し、活力を失っていくということが読み取れたからです。また、いずれ定年等でノウハウを蓄積した従業員が組織から去っていきます。その場合、重要な役割を担っていた人であればあるほど、大きな問題になることが分かりました。この表を作成すると、自社の危機がどのくらいの時期に訪れるのかが分かります。また、その危機を回避し、

年齢推移表

年	A	B	C	D	E	合計	平均
2011	53	48	40	35	30	206	41.2
2012	54	49	41	36	31	211	42.2
2013	55	50	42	37	32	216	43.2
2014	56	51	43	38	33	221	44.2
2015	57	52	44	39	34	226	45.2
2016	58	53	45	40	35	231	46.2
2017	59	54	46	41	36	236	47.2
2018	60	55	47	42	37	241	48.2
2019	61	56	48	43	38	246	49.2
2020	62	57	49	44	39	251	50.2

継続させるために、今何をなすべきかが明確に理解できます。そうです。定期的な人材の採用とその教育しか、その危機を回避する方法はないのです。

　このような観点から、研究会報告書でも「事業の継続のためには、計画的な人員採用も必要です。新卒を定期的に採用するのは、組織内の年齢構成のバランスをとって仕事や技能の継承を円滑にする効果がある」（傍点著者）としています。

6. 理念等は人に蓄積する　～年輪をつくる

企業の年輪とは「知識（ナレッジ）」と「企業文化」(iv)から構成されると考えられます。また、「企業は、人なり」と言われますが、永遠不滅であり、かつ具現化すべき目的である経営理念に共鳴し、人格的にも優れ、能力もあり、かつ前向きでチャレンジ精神が旺盛な社員を糾合し、育てあげることこそが、会社の長期的・安定的発展の鍵となります。

企業規模の拡大に伴い、経営者の意思が末端まで伝わりにくくなります。それを支えるのが、中間管理職の役割です。成長する組織には「語り部」がおり、伸びている企業ほど確実に中間管理職が「語り部」となってトップの思想を末端まで浸透させているのです。

人と組織（特に最終的には人）に理念やノウハウは蓄積します。このために、個々人の個性と能力に応じた継続的な研修を強化するとともに、組織共有のための仕組みづくりを実施することが大切なのです。

事例2
職員に仕事を任せて自立性・創造性を養う
～社会福祉法人　芳香会

芳香会３代目理事長の宇留野光子氏

【企業データ】
社会福祉法人 芳香会
法人設立　昭和四五年一二月二四日
業種　福祉サービス業
基本金　約三五八五〇万円
職員数　四七〇名（非常勤を含む）

取材日：平成二三年一月三一日

■「福祉大家」を目指す社会福祉法人

社会福祉法人芳香会は、昭和四五年に設立され、昨年四十周年を迎えました。現在の理事長である宇留野光子氏は三代目。高齢者・障害者・児童と幅広く福祉サービスを提供しているだけでなく、人材育成についての取り組みも盛んで、看護学校に通う職員への奨学金制度を昔から続けています。平成二三年四月からはさらに発展し、職員の大学院への派遣も始まることになりました。

芳香会では七年ほど前に、現理事長の父である初代理事長が理想とし、また目標とした「福祉大家」、つまり福祉事業のプロフェッショナルとなるために、「一・高齢・障害児・者・児童を対象とした福祉事業の展開」「二・地域とともに」「三・惻隠（そくいん）の情」の三つを経営理念として掲げ、それをもとに行動規定も作っています。

■職員には「とにかく仕事を任せる」

一般的に社会福祉法人は過酷な仕事で、離職率が高い業界だといわれています。しかし芳香会では、職員を法人内できちんと育成するという方針が浸透し、同法人の離職率は低くなっています。

職員の育て方について理事長は「とにかく仕事を任せている」と言います。任せることで職員に「信頼され、期待されている」という意識が芽生え、モチベーションアップに役立っているのです。任された仕事が上手く進まないときには「ヒント」を与え、そこからまた自分で考えて行動するように促し、職員に達成感をもたせ、仕事のやりがいを見いだしてもらうように努めた結果、さらに仕事に真剣に取り組むようになったそうです。

「職種ごとに、必要となるべき能力というものがあります。その能力をアップできるような仕事をきちんと与え、課題の解決と目標の達成をさせることによって、各職種の人たちの能力が高まり、それが法人全体の総合力のアップにつながります。

ただ、その場合、理事長がどういうことを考えていて、どんな目標を掲げているのかが共有されていなければ、職員の行動がバラバラになってしまい一体感が出ません。反対に、職員の行動を把握し、理解ができていないと『任せる』ことはできません。そのため、情報を共有し、一体感を出すための仕組みとして、事業所・職務・地域など多角度からの定例会議を設けています。」

この職員に任せることが、「当初はなかなかできなかった」と理事長は振り返ります。自分も一施設の管理者の仕事を担っており、全体を見渡すことがなかなかできなかったといいます。そんなときにある先輩から、トップとして全体を見渡し、方針を出すことが大切だと言われ、管理者という立場から離れることを決めたそうです。

■長期的な視野に立った人づくりを可能にする「研究所」を設立

職員の自立性・創造性を引き出そうと考えたきっかけは数年前にさかのぼります。当時、特定ＮＰＯ法人の活躍が目立ち「社会福祉法人はこのままでいいのだろうか、もっと自分たちの血が通った言葉で新しい社会福祉を提言できるような存在になっていく必要があるのではないか」という思いを抱いたことがきっかけでした。

しかし、すでにさまざまな事業を展開しており、医療・福祉の専門知識だけでなく、入所者のニーズを把握するコミュニケーション能力の教育など、人づくりにおける課題を研究と実践の両面から解決していかなくてはならないと考えました。

その解決策として「芳香会社会福祉研究所」を平成二三年四月に設立することになりました。ここには、大学院の先生や研究員が週三回、また、理論と実践を結びつけるために、職員も週二回出勤し、研究活動に取り組むことになります。この研究所の目的は二つあり、一つは芳香会が自らの力で今後の新しい役割とあるべき姿を描き出し実行できるようにすること、もう一つは研究の成果を広く世に問うことによって、社会の安定や一人ひとりの幸福実現に寄与することだといいます。

こうした長期的な観点に立った人づくりの取り組みは、働く人たちが終身雇用のように、長く働いてくれるということが前提になっていないと効果がでません。経営状況が悪化したら人を削減するという考え方ではとても難しい事であり、芳香会のように離職率が低くなければできないことでしょう。

■人材育成で「一流の人たちのネットワーク」を作りたい

芳香会では、企画会議など職員が集まる会議を定期的に開催していますが、それだけで職員と円滑な意思疎通をはかることは容易ではありません。しかし、職場内でいろいろな問題があっても各施設の管理者が現場で職員とコミュニケーションを取り、問題を解決する体制が機能しているといいます。

管理者たちは「この施設の責任者は自分だ」という強い責任感を持って働いており、経営管理の面でも各施設の管理者は、当初立てた目標と実績を比較し、その差異の原因を分析し、次の是正につながる対策等も提案してきます。つまり、各施設の管理者が「PDCAサイクル」をきちんと回しているのです。

また、管理者だけでなく職員も「自分だったらどうするか」という当事者意識を持って行動する習慣ができているといいます。このような組織風土づくりにはコストも時間もか

芳香会が運営する児童用施設「芳香会病院青嵐荘療育園」

かっていますが、それを厭わないのが理事長の哲学であり、それが同法人の強味になっていると思われます。

「当法人から転職していった人について、非常に即戦力になる方で助かる、という評価を転職先の会社等からいただいたことが何度かあります。そう言ってもらえるのは非常にうれしいものです。当法人の人材育成が社会貢献につながっているということでもありますから。そして、人を育てて、いい仕事をすることで社会に貢献していくと、さらに素晴らしい人との出会いがあります。職員がレベルアップしていくことで、各分野で一流と言われるような非常に長けた人たちに出会うことができます。そうした人たちとのネットワークが財産だと思っています。」

事例3
「スタッフが一番の売り物」と人づくりに力を入れる
～㈱篠原工務店

「現場はお客様の宝物」を理念とする篠原工務店

【企業データ】
株式会社　篠原工務店
創立　昭和三五年四月
業種　建築業
資本金　五〇〇〇万円
従業員数　三四名

取材日：平成二三年一月三〇日

■スタッフ全員が「大黒柱」

茨城県の西南部に位置する猿島郡《さしまぐん》境町は利根川に

面し、水運で栄えた町です。その境町に本社をおく株式会社篠原工務店は、土台と柱にすべて檜を使用した「檜伝説」という一般木造住宅の注文建築を中心に行う企業です。

檜伝説は境町周辺の地域で非常に高いシェアを占めています。技術力にも定評があり、テレビ番組「ＴＶチャンピオン」の全国大工王選手権で優勝したこともあります。

従業員は新卒を中心に採用しており、営業や設計の担当者も現場監督を二〜三年経験させることでスタッフ全員が現場を知りつくした「オールマイティープレイヤー」に成長しています。また「技術立社」という標語を掲げ、従業員を学校に行かせるなど教育にも力を入れ、一級建築士は六名になっています。

「スタッフ全員大黒柱」という標語もあり、篠原純一社長の従業員を大切にする姿勢が伝わってきます。

「スタッフが一番の売り物ですから、教育には力を入れています。資格手当を設けるなど動機付けにも気を配っていますが、特に自分たちのやっている仕事の魅力を伝えることが重要だと考えています。」

■外部スタッフも大切に

建築業という業種は、自社の従業員だけでなく、外部のスタッフの力が必要になるため、外部スタッフの管理も重要な課題です。同社では次のような「現場心得訓」を朝礼で唱和しています。

篠原工務店現場心得訓

一、現場はお客様の宝物である。
一、現場こそ商品であり、店舗である。
一、職人はプロである。プロらしく振舞え。
一、プロとは愚痴を言わず誇りを持って万年修行、今日が出発。
一、挨拶はきちんとはっきりと、たとえ同僚同士でも。
一、気づいたことは即行即止、間髪いれずに実行を。
一、現場の整理は心の整理、感謝をこめて後始末。
一、さあ、今日も一日頑張って新しい輝きを作り出そう。

現場の品質を厳しく管理するだけでなく、外部スタッフも従業員と同じように大切にしたいと社長は言います。同社は年間を通じて多数の現場を抱えているため、外部スタッフにも仕事が切れないように配慮しており、結果的にほぼ専属に近いような形になることも多く、良いサイクルが生まれています。

■お客様の声が従業員を育てる

同社では住宅会社によくある個人の歩合制ではなく、目標を達成できたら全員に臨時ボーナスを出しています。そして経営計画をもとに、年間の目標を毎月の数字に落とし込み、その目標に対する進捗状況を全社員で管理するようにしています。そうすることで全員で目標を達成しようという動きにつながり、社内に一体感が生まれるといいます。

同社の現場数は同規模の同業者と比べて約二倍あり、仕事としては大変ですが、その分従業員が仕事を覚えるスピードも早いそうです。

また、従業員に家を作る過程に興味を持ってもらうことも重視しています。例えば原材料である「木」が現場で使用する「柱」になる工程を見学しておくことなども教育メニューの一つです。

2代目として経営を引き継ぎ6年目となる篠原純一社長

そして何より大切にしているのは「人とのつながり」であり、お客様への「ありがとう」、協力業者への「ありがとう」、従業員への「ありがとう」だといいます。

「家創りは『ありがとう』の連鎖です。当社で建てさせていただいたお客様の家に従業員を行かせ、お客様の声を聞いてくるというのが良い教育になっています。また、お客様全員にアンケートをお願いしており、そこでいただいたご意見を会議で読み上げるようにしています。良い点も反省すべき点も従業員にしっかり受け止めてもらいたいからです。仕事が多いのできつい面もあると思いますが、やりがいは高まるのではないかと思います。」

事例４　「どうしよう」と従業員に問いかけ、自主性を引き出す

～合資会社　米銀商店

米銀商店７代目社長の高橋光氏

【企業データ】
合資会社 米銀商店
創業　一八二〇年頃（会社設立昭和二九年二月）
業種　お弁当・お米の販売、宅配
資本金　一五〇万円
従業員数　二五人（パート含む）

取材日：平成二三年一月二四日

■江戸時代から一九〇年続く老舗企業

茨城県古河市にある合資会社米銀商店は江戸時代

から続く、創業およそ一九〇年の老舗企業です。代表社員（以下社長）の高橋光氏は七代目。祖父の代までは米一筋でやってきましたが、もともと百貨店に勤めていた父（六代目）が冷凍食品の宅配を始め、それ以来、時代のニーズに合わせた商品やサービスの提供を行うようになり、現在はお弁当・お米の販売や宅配も行っています。また、お年寄りなど買い物や食事を作るのが大変な人にお弁当を宅配するビジネスモデルを考案し、二度目の経営革新計画の承認を受けました。

■セクションを超えて交流する場を持つ

同社は製造部門、販売部門に関係なく、全員が交流を図れるようなしくみを複数設けています。例えば、忙しい朝でも、簡単に朝礼を行い、その日の予定を全員の前できちんと確認しています。また、毎月の給料日にはその日が休日の人も全員出てきてもらい、全体朝礼を行っています。そこでは、その月の予定や先月の売上・利益を確認し、人件費や労働分配率の問題について話し合います。

朝礼だけではありません。どうしたら売上がアップするかなどについて全従業員の意見が反映される仕組みができています。社長を含めた代表者六人が、週に一回企画会議で

「チラシの中身をどうしようか」「お弁当の中身をどうしようか」などを話し合い、いいアイデアが出ないときは、部門長が各部門に持ち帰ってパートさんも含めてみんなで検討し、翌週もう一回すり合わせるということを行っているのです。

さらに、従業員が増えて食事をするスペースが無くなったことをきっかけに、休憩所も作りました。そこで従業員が賑やかに話をするようになり、その結果、従業員の一人が他店のパンフレットをもってきて「こんなことをしているお店があるよ」と情報交換するなど、部門を超えた交流がはかれるようになったのです。

こうした交流の場があることで、全員でいろいろなアイデアを出し合う社内風土ができています。社長だけではなく、各従業員がいろいろなところに行って、いろいろなことを感じて、アイデアを持ってくるのです。例えば、新しいお店ができたときに、実際に行ってみて「あの店では時期的にもうこういうものを出しているけど、どうしてうちでは出さないのか」などと意見を出してくれるといいます。社長にとっても、従業員みんなが知恵を出し合ってくれるのはとても心強いそうです。

■会社の経営方針を一人ひとりが行動に移す

同社は経営計画発表会を重視しています。そうなったきっかけは、競合が増えたために冷凍食品の宅配事業を撤退する決断をしたことでした。会社の方針として「次にどのようなことをやるのか。そのためにはお金がいくら必要なのか、その結果としてどういうものができるのか」を発表したのが最初で、それ以来毎年開催しています。

現在の同社の最大のテーマは「手作りを増やす」ことです。そして、オリジナル商品を増やしていこうとしています。そうした経営方針を示すことで、従業員一人ひとりが「自分には何ができるのか」を考えて行動するようになるのだといいます。「提案したことはとりあえずやってみればいい」というのが同社のスタンスです。仮に失敗しそうだと思っても、とりあえずやってみることにしているそうです。

考えたうえで商品を出し、だめだった場合でも、社長は全否定しません。見方を変えて、「量がいけなかったのか」「パッケージがいけなかったのか」「値段がいけなかったのか」などともう一回考えて、次の行動につなげていきます。同社では、何か行動を起こしたら必ず検証し、次の行動をどうするのかについて会議や朝礼で発表することで、全員が「やるぞ」という改革に向けた前向きな気持ちを絶やさないように努めているといいます。

■「どうしよう」で従業員の自主性を引き出す

社長は従業員に「ああしろ、こうしろ」とは言わず、「どうしよう」と聞くようにしているといいます。例えば、顧客から「お弁当を四〇〇〇円で作ってほしい。」とメニューにない注文を受けたとき、社長はある従業員に「あなたならどうつくる」と聞きました。すると、きちんと考えて「三〇〇〇円のお弁当に茶碗蒸しとメロンをつけて四〇〇〇円にしましょう。」という提案をしてくれたそうです。このような従業員からの提案を朝礼などの場で全員に伝え、次はみんなで話し合うのだそうです。

売上が目標に達しない時にも、その事実を従業員に伝え、「どうしたら売上が上がるか」を全員で考えるといいます。先日も、売上アップのヒントとなりそうな場所にみんなで行ってみようという提案があり、宮城県にある手作りおはぎで有名なお店を訪問したそうです。すると、従業員の一人が「米銀も手作りのおはぎを作ってはどうか」と言い出し、翌日のミーティングには早速試作品が提出されたので、社長を驚かせました。誰かが作れと言ったわけではなく、従業員が自主的に作ってきたのです。

■従業員は目標に一緒に向かう「仲間」

社長の仕事とは何かについて、高橋社長は次のように語っています。

「みんなが気持ちよく働ける環境作りをすることだと思っています。お弁当を作るプロ、総菜を作るプロ、接客販売をするプロ、お店の人はみんなプロです。私ができないことをやってくれていますので、それぞれのプロが働きやすい環境をどうやったら作ってあげられるかを考えています。私はプロの料理人ではないので、お弁当やお惣菜に関しては何もできません。しかし考えることはできます。だからお店のみんなで考えていき、それをプロが具体化する。そして、それを評価してあげるということを行っています。従業員に媚びているわけではありません。私にとって、従業員は目標に向かって一緒に向かっていく『仲間』なのです。ですから、なるべく従業員のことを苗字ではなく、名前で呼ぶようにしています。とくに勤続年数が長くなればなるほど、それを行うようにしています。」

従業員が働きやすい環境を作り自主性を引き出すためには、社長に対して萎縮せず、意見を言いやすい環境作りが大切です。その環境づくりのために、社長は従業員の前では笑顔を心がけるようにしており、結果として話しかけてもらいやすくなったといいます。社長は、従業員が会社のことを考えて自主的に考えを述べ、行動するようになった上で、そ

米銀商店は江戸時代から続く、創業およそ190年の老舗企業

の行動が会社の目標にきちんと合うようにリーダーシップを発揮することが大切だと考えているそうです。また、感謝の気持ちをきちんと示すことが従業員のモチベーションアップには必要だと考え、指示したことを従業員がしてくれたときには「ありがとう」というようにしているといいます。

こうした社長の姿勢もよい影響を与えているのかもしれませんが、従業員にはよく考え自主的に行動する習慣が定着しているようです。社長は「ほとんどが主婦のパートさんですので、自分の家庭と合わせて忙しいと思いますが、嫌な顔しないで、きちんと朝早くから出てきたりしてくれます。それは本当にありがたいです。今後はそうしたみんなの頑張りに待遇面も含めて報いていきたいと考えています。」と従業員に対する想いを語ってくれました。

i　P．F．ドラッカーは、人はコストではなく資産である、と説いています。『マネジメント【エッセンシャル版】』（2001年12月初版）P81参照。これは、伝統的な我が国の人間観に合致したものと言えます。

ii　『明日を支配するもの』（1999年3月初版）P160～189　P．F．ドラッカー著　上田惇生訳　ダイヤモンド社

同書で、知識労働者の生産性を向上させるための条件として、次の六項目を挙げています。同P169～170

「（1）仕事の目的を考える。

（2）働く者自身が生産性向上の責任を負う。自らマネジメントする。自律性を持つ。

（3）継続してイノベーションを行う。

（4）自ら継続して学び、人に教える。

（5）知識労働の生産性は、量よりも質の問題であることを理解する。

（6）知識労働者は、組織にとってのコストではなく、資本財であることを理解する。知識労働者自身が組織のために働くことを欲する。」

iii　『ポスト資本主義社会』ドラッカー名著集8（2007年8月第1刷）P73　P．F．ドラッカー著　上田惇生訳　ダイヤモンド社

「明日の組織のモデルは、オーケストラである。二五〇人の団員はそれぞれが専門家である。しかし、チューバだけでは演奏できない。演奏するのはオーケストラである。オーケストラは、二五〇人の団員全員が同じ楽譜をもつことによって演奏する。」

iv　『企業文化』（2010年6月初版第4刷）P31　E．H．シャイン著　金井壽宏監訳　白桃書房「文化はグループが共有し、当然視している仮定の総和である。その仮定はグループがその歴史を通じて獲得してきたものである。」

第4章

人はいかなる時に燃えるのか

「他の人々が「安楽」であると称するものを、諸々の聖者は「苦しみ」であると言う。
他の人々が「苦しみ」であると称するものを、諸々の聖者は「安楽」であると知る。
この解し難き真理を見よ。無智なる人々はここに迷っている。」

中村元訳『ブッダのことば』

経営理念を具現化することが企業経営であるとするならば、それは、従業員を通じて、かつ、業務を遂行していく過程でしか実現できません。また、そのためには、個々の従業員が生き生きとチャレンジし、信頼関係をベースに一丸となってまい進することが必要です。

1. 研究会が提示した活力企業のポイント

「研究会報告書」では、ポイントの5と6で、「動機付け」と「信頼感・一体感を高める組織づくり」の重要性を指摘しました（以下、同報告書を抜粋引用します）。

ポイント5　従業員の動機付けに取り組む

◆自立と創造への自発的な挑戦を後押しする

従業員との間に信頼関係が構築され、仕事を「やらされている」感覚がなくなれば、従業員が自主的に物事を考え、行動できるようになります。従業員の自主性・自立性を高めるためにも、自社にあった手法で動機付けに取り組むことが大切です。

そのためには、社内の制度や仕組みによって、従業員の背中を後押しすることが有効です。多くの企業においてさまざまな動機付けの制度や仕組みがあり、例えば「がんばった・成果を出した人が報われる仕組み」「自ら学ぶ・経験することを助ける仕組み」などがあります。いずれであっても、従業員の「自立性・創造性を得るための自発的な挑戦」を後押しするものであることが大切です。

◆自社に見合った取り組みをバランスよく実施する

動機付けに関する手法はさまざまですが、自社の組織風土・環境にあった方法に取り組むほかありません。その際、目的に応じた種々の取り組みをバランスよく実施することが大切です。

また、バランスという意味では、権限の委譲と責任の付与、管理する部分と動機付けを与える部分の組み合わせによって、全体として社員の意欲と成長が促せる仕組みにすることが望まれます。

ポイント6　信頼感と一体感を高める組織づくりに取り組む

◆組織風土・環境づくりをする

企業の成長・継続のためには絶え間ない経営の革新、イノベーションが欠かせません。そのためには、人づくりを通して「組織風土・環境づくり」に取り組むことが必要です。自社にあった手法で組織風土・環境づくりに取り組み、イノベーションをはぐくむ素地を作ることが大切です。

◆信頼関係を構築する

経営者は従業員との信頼関係の構築、モチベーション向上のために、権限委譲、成果主義報酬、個人目標の数値化などさまざまな取り組みを行っています。しかしこうした制度が効果を生むためには、従業員とのコミュニケーションが何よりも大切です。従業員が「納得」して日々の業務に取り組むことで、従業員のやる気が高まり、企業内のあらゆる場面が活性化されます。また、業務の「見える化」などにより、「仕事がしやすい」「良い作業環境」を実現すれば、従業員の不平・不満が少なくなり、信頼関係を構築することができます。

◆一体感を高める

経営者と従業員が意見交換できる機会があれば、経営者は従業員を通じて組織内外のさまざまな情報を得ることができます。

また、従業員が経営上の数値や事業計画を身近に知る機会があれば「その情報を基に考えて行動」できることにつながります。従業員が経営者の考えを理解することにより、従業員と経営者の一体感が高まります。

2. 人間はいかなるときに動機付けられるのか

いくら潜在能力が高くても、貢献意欲の乏しい人間はそれを発揮しません。したがって、企業経営の場面では、従業員の貢献意欲を高く保つことが極めて重要になります。

人間は何によって動くのか、何を目的として働くか、というテーマは古くから探究されてきました。人間学の宝庫と言われる中国の古典でも、『論語』などでは、人は「**義**」によって動くとし、一方『韓非子』などでは「**利**」によって動くと、真っ向から対立しています。

経営学の父と言われるテイラーの科学的管理法では、能率給を導入し作業効率が増加した場合に、給与で報いることを提唱しましたが、その後、人間関係学派（メイヨー、レスリスバーガー）は、それだけでは生産性は向上しないことを実証研究の中から指摘しました。

当該企業に対する自己の貢献　≦　当該企業からの自己への誘因

ハーズバーグは、従業員の貢献は、上図のような純誘因を持つ状態にあると信じることができる限り継続すると指摘しました。

それでは、この誘因にはどのようなものがあるのでしょうか。彼は、人間の仕事における満足度は、ある特定の要因が満たされると上がり、不足すると下がるのではなくて、「満足」にかかわる要因（**動機付け要因**）と「不満足」にかかわる要因（**衛生要因**）は別のものであるとしました。

人間が仕事に不満を感じる時は、自分たちの作業環境に関心が向いているのに対して、満足を感じる時は、仕事そのものに関心が向いているのです。彼は、前者を「衛生要因」後者を「動機付け要因」と名づけました。

・動機付け要因

仕事の満足にかかわるのは、「達成」「承認」「仕事そのもの」「責任」「昇進」などであり、これらが満たされると満足感を覚えますが、欠けていても職務不満足を引き起こすわけではありません。

・衛生要因(i)

仕事の不満足にかかわるのは「会社の政策と経営（管理）」「監督」「給与」「上役関係」「作業条件」などであり、これらが不足すると職務不満足を引き起こしますが、満たしたからといっても満足感につながるわけではありません。

この理論によれば、「動機付け」は外から来るものではなく、個々人の**内側の欲求が源**であると言えます。ここから、単純に給与で報いるという手法の問題点が理解できると思います。昇給すれば一時的にはモチベーションは上がるかもしれませんが、長続きするものではありません。これに対して、仕事を通じてお役に立てる悦び、仕事を通じて自分が成長できると実感できる悦びこそが、動機付けの原点になると考えられるのです。これは第1章で述べた、人生の目的である「成長」と「貢献」に該当します。仕事の意義を探究し、理解することが出発点であり、充実化させることが重要だということです。

すなわち、従業員個々人も、仕事を通じて人生の目的を探究し追求することが、今後ますます重視されてくるでしょう。そして、経営者自身がまずはファシリテーターとして、気づきのきっかけを与え、従業員の成長を促すことが重要になってくるでしょう。

満足要因と不満要因の比較（ピッツバーグ会計士）

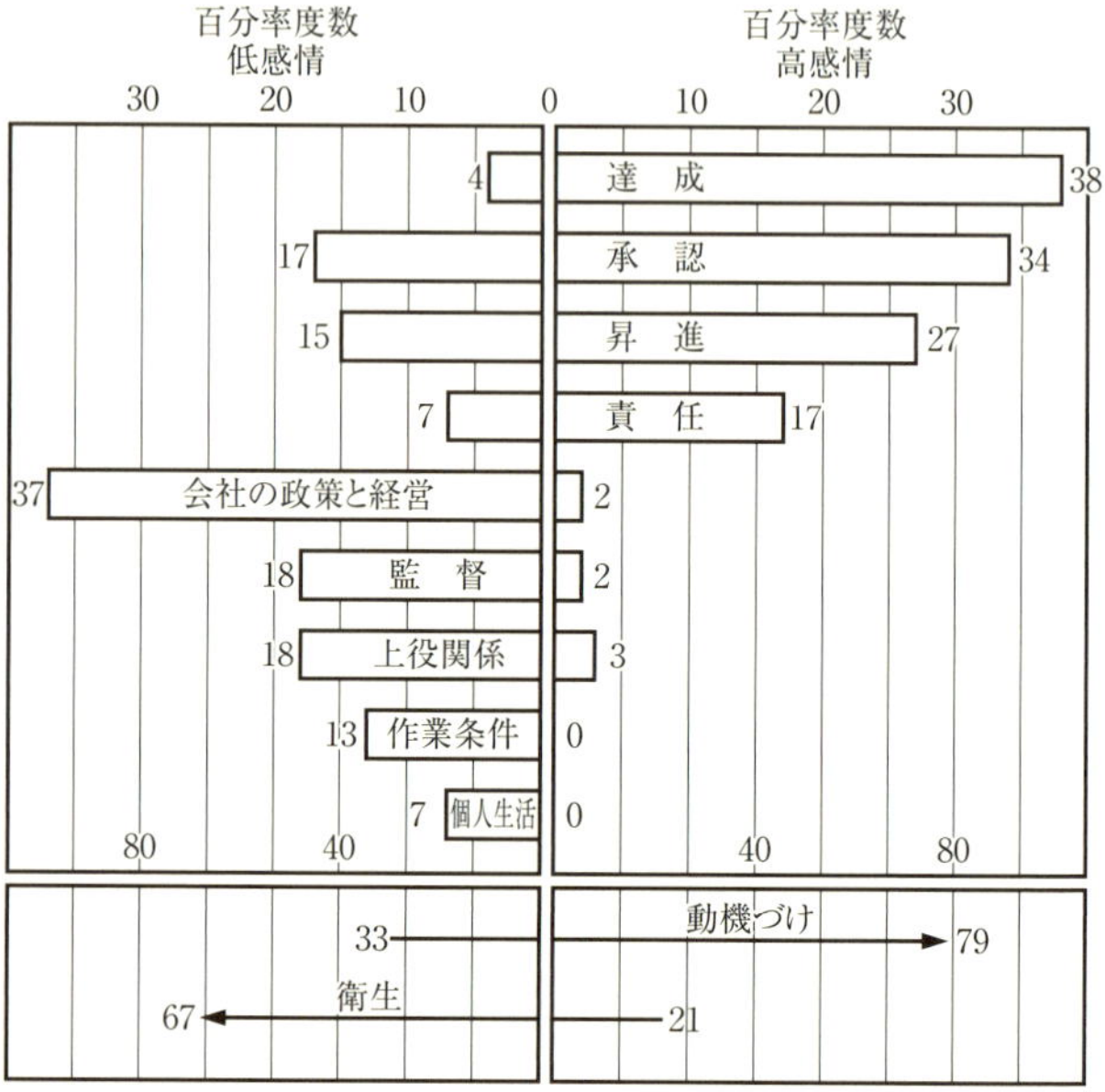

Data From F. Herzberg et al.　　（出典:『仕事と人間性』P115）

人事戦略別に見た従業員のモチベーション

企業のタイプ	意欲が高い割合		満足度が高い割合	
	男性	女性	男性	女性
人材開発・長期雇用ともに重視	57.3	41.7	44.8	36.5
人材開発重視・長期雇用非重視	42.4	32.9	29.4	28.2
人材開発非重視・長期雇用重視	27.7	24.7	22.3	20.2
人材開発・長期雇用ともに非重視	21.9	13.7	12.3	10.3

（出典:『人を活かす企業が伸びる』P92）

3. モチベーション（やる気）の源

モチベーションの源は個人の内側にある欲求である、と主張したのはマズローです。彼は、「第一に、人間というものは、相対的にあるいは一段階ずつ段階を踏んでしか満足しないものであり、第二にいろいろな欲求間には一種の優先序列が存在するという事実である。」(ii)として、**欲求段階説**を唱え、かつ、低次の欲求が満たされなければ、高次の欲求は満足されないとしました。そして、欲求の段階として次の五つに分類しました。(iii)

①生理的欲求
②安全の欲求・・・安全、安定、依存、保護、恐怖・不安・混乱からの自由、構造・秩序・法・制限を求める欲求、保護の強固さなど
③所属と愛の欲求

④承認の欲求・・・自己に対する高い評価、自己尊敬、自尊心、他者からの承認

これが充足することで、自信、有用性、強さ、能力、適切さなどの感情や世の中で役に立ち必要とされるなどの感情をもたらす。

⑤自己実現の欲求・・・人は、自分がなりうるものにならなければならない。人は自分自身の本性に忠実でなければならない、という欲求。

このうち、主として①と②及び③の一部が、衛生要因に関連し、③の一部と④と⑤が動機付け要因に関連すると言えるでしょう。

それでは、いかなる状態でモチベーションは持続するのでしょうか。ダニエル・ピンクは著書『モチベーション3.0』で、モチベーション3.0(iv)の三つの要素として、**①自律性**、**②マスタリー（熟達）**、**③目的**を挙げ、「マスタリーを目指す自律的な人々は、非常に高い成果をあげる。だが、高邁な『目的』のためにそれを実行する人々は、さらに多くを達成できる。きわめて強く動機付けられた人々――当然ながら、生産性が非常に高く満足度も高い人々――は、自らの欲求を、自分以外の『より大きな目的』に結びつけるものだ。」(v)とし、崇高な人生目的の重要性を指摘しています。また、目的志向型目標と利益志向型目

標を持つ学生が、その後どのような人生を歩んだかの追跡調査の研究結果も同書では報告しています。多少長くなりますが、抜粋しつつ引用します。

「学生時代に目的志向型の目標を持ち、それを成し遂げつつあると感じている者は、大学時代よりも大きな満足感と主観的幸福感を抱き、不安や落ち込みはきわめて低いレベルだと報告された。・・・だが、利益志向型の目標を抱いていた者の結果は、もっと複雑だった。富を蓄積したり、賞賛を得たりするなどの目標を達成した卒業生は、学生時代よりも満足感や自尊心、ポジティブな感情のレベルが増しているわけではなかった。目標を達成したにもかかわらず、以前よりも幸せになっている様子はなかった。そのうえ、利益志向型の目標を抱いていた卒業生は、不安、落ち込み、その他のネガティブな指標が『強まった』こともわかった。・・・

　この謎―満足感を得るためには目標設定だけでは十分ではない。正しい目標の設定が必要だということ―を理解できなければ、良識ある人でも自滅の道をたどるおそれがある。・・・人生でもっとも豊かな体験は、・・・自分の内なる声に耳を傾けて、意義あることに取り組んでいるとき、それに没頭しているとき、大きな目的のためその活動に従事

しているときだ。」(vi)(傍点著者)

以上をまとめると、人々の動機は内発的なものですが、その目的が、より高次かつ崇高なものほど、やる気がでて、かつ、その達成過程で幸福感が得られるということなのです。経営者にとって、従業員のこの高次かつ崇高な目的を引き出すことが重視されると同時に、人生の意味や目的を個々人が自ら考える機会を持つことをうったえたり、研修を施したりするなど、全人格の人間教育が必要とされる時代になったと言えるでしょう。

４．信なければ立たず

組織における経営者と従業員の間の信頼関係は極めて重要です。経営者の言動や行動に信頼関係が無くなったら、経営者の指示は伝わらず、成果が出ないばかりか、内部から崩壊してしまう危険性もあるでしょう。また、このような信頼関係のない状態は構成員にとっても大変居心地が悪いものです。

組織の中で、信頼関係が重要であることは、孔子も指摘していました。

「子貢《しこう》、政を問う。子曰く、食を足《た》らわし、兵を足らわし、民にこれを信ぜしむ。子貢曰く、必ず已《や》むを得ずして去らば、この三者において何《いず》れを先にせん。曰く、兵を去る。子貢曰く、必ず已むを得ずして去らば、この二者において何れを先にせん。

曰く、食を去る。古より皆な死あり、民、信なければ立たず。」

これは、『論語』顔淵編の一節ですが、これを現代語訳すると次のようになるでしょう。

「弟子の子貢が政治とは何かを聞いたところ、孔子は、飯を食べさせ、軍備を整え、民衆の信頼を得ることであると言った。

子貢がこの三つの中でひとつ無くさなければならないとしたら最初に何を無くすべきでしょうかと聞いたところ、兵だと答えた。

残った二つの中でどちらかを無くさなければならないとしたらと聞いたところ、孔子は、飯だと答えた。

昔から死はあるものであり、ある意味避けられない。

ただし、民衆の信頼無くしては政治としては何もなし得ない。」

これは、現在の企業にも当てはまります。兵（武器）を商品、食を資金と置き換えればよく理解できるでしょう。だめな企業に限って、（売れる）商品がなく、資金がないから、業績が良くない、と言います。しかし、創業当初から商品も資金も豊富な会社は稀《まれ》で、通常はないないづくしでスタートします。これらを補うのが、情熱であり、アイディアであり、人脈なのです。長く経営を続けていれば、不況などによって商品が売れなくなり、資金が不足することもあるでしょう。そのような時でも、経営者と従業員の信頼感・一体感があれば、苦境を乗り越えることができるはずです。現に、不況になっても誰一人解雇することなしに、合意の上で全社員の給与カットを行い苦境を乗り切った例も多々あります。

大企業では人件費をコストととらえ、業績が悪化すれば、リストラと称する首切りによって利益を確保してきました。しかし、中小企業においてこれは困難です。なぜなら、大企業と比較して地元採用が多いため、従業員は会社の構成員であると同時に地域社会の構成員でもあります。地域社会から会社に対する悪しき風評が立った場合、その影響は大きなものとなってしまうからです。

したがって、中小企業において人件費カットを行う場合であっても、特定者のカットを行うのではなく、役職によって割合を変えた全員の給与カットを行うことが望ましいと言えます。

5. 信頼関係の前提としての情報公開

「研究会報告書」でも、赤字基調企業に比較して、活力ある中小企業は従業員に対し情報公開する割合が高く、特に決算書を一部でも公開している割合は、前者が四六％であるのに対し、後者は六〇・六％となっています。また、リスク（不正・紛争）情報の公開を定期的に従業員全体に行う割合は、後者が七・九％であるのに対し、前者は一一・六％にすぎません。

私は、中小企業に対して経営計画策定と業績管理体制構築支援を実施する場合に、従業員に対する決算書・計画書の公開を依頼します。すると、赤字基調企業ほど、公開をためらうところが多いように思います。その理由は、「赤字であることが分かれば（従業員に）辞められてしまう」というのが一番多いようです。しかし、私の経験からすれば、決算が赤字であることを理由に辞める従業員はほとんどいません。

二番目の理由は、「役員報酬が給料に比較して高額なのが分かるのがいや」というものです。しかし、役員が従業員と比較して高額の報酬を受け取るのは、責任の度合いが異なるからです。例えば、役員（社長）であれば、借入金に対する私財の担保提供や保証をするでしょう。保証協会に頼めばいくばくかの保証料を支払いますが、役員が会社から保証料を受け取ることは稀《まれ》です。通常、役員報酬でカバーしているとみなしているからです。また、倒産したら最後の防波堤になるのは経営者ですので、それに備えてある程度の個人財産の蓄積が必要です。融資の場面でも、当該企業の業績が悪く、単体で見れば格付けがダウンし、融資条件が悪化する場合でも、代表者個人の財産と一体とみることで格付けを維持することもできるのです。この理由によって公開をためらっている場合には、役員報酬の意味を従業員に納得してもらってから公開するのがよいでしょう。その理解が無いまま公開すると、単純に役員報酬と従業員の給料を比較して不満に思われる危険性があるからです。

人は誰しも大なり小なり夢を持っています。ただ、企業全体の夢を描けるのは経営者だけです。もし、その経営者が夢を語らなくなったらどうでしょうか。それ以上に、いつもため息と愚痴ばかりだったらどうでしょうか。誰もその人についていこうとは思わないはずです。また、直属の上司が冴えなかったらどうでしょうか。ピュアな新人ほど「十年たってもあの程度か！」と失望するでしょう。そうです。従業員は会社が赤字だから辞めるのではなく、夢が語られなくなったら辞めるのです。また、その先輩や経営者が尊敬できなくなったら辞めていくのです。

逆に、経営者側から情報公開をすることは従業員を信頼している証です。情報公開された従業員は意気に感じるはずなのです。

元気中小企業は従業員への経営情報の開示に積極的

Q：経営情報等を一般従業員に開示しているか

活力ある中小企業

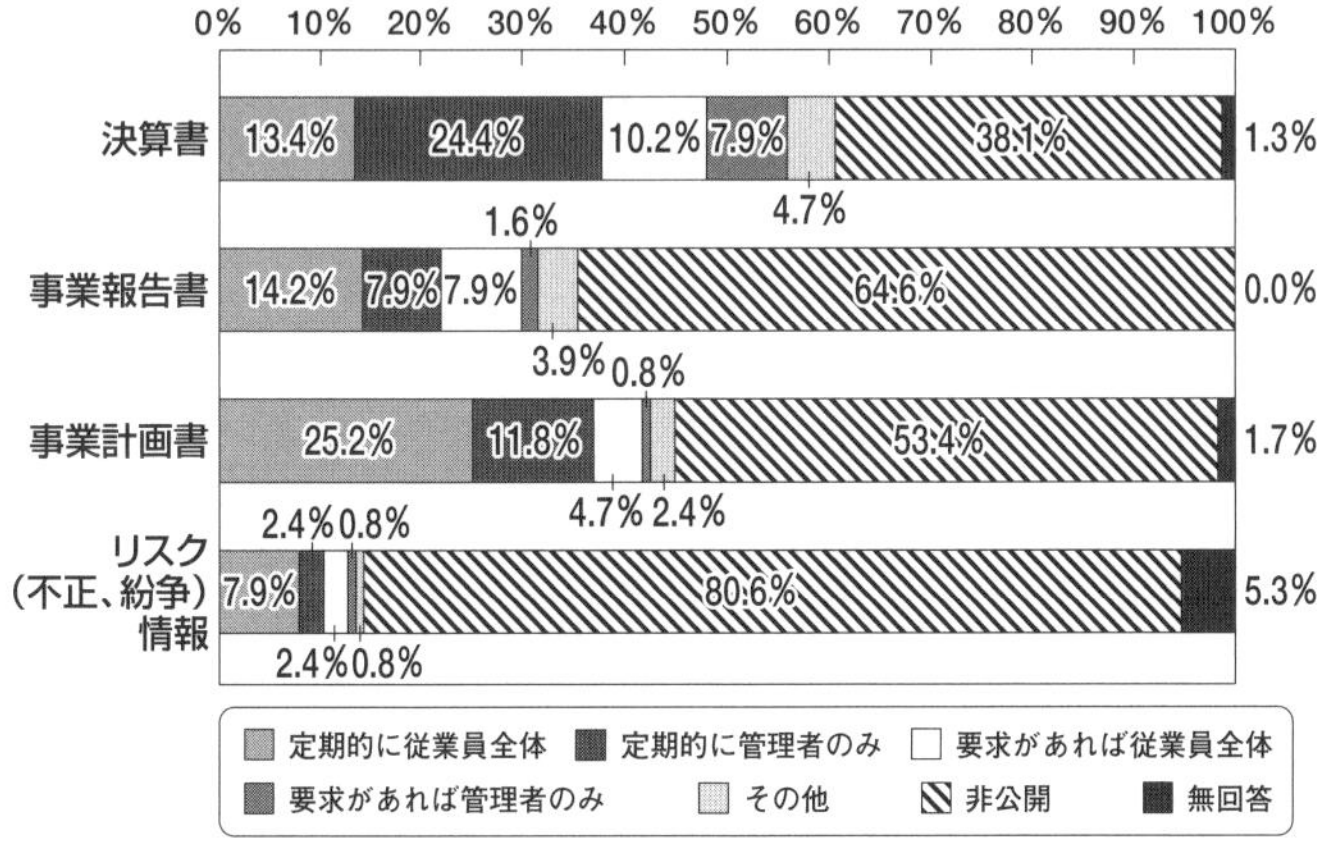

赤字基調企業

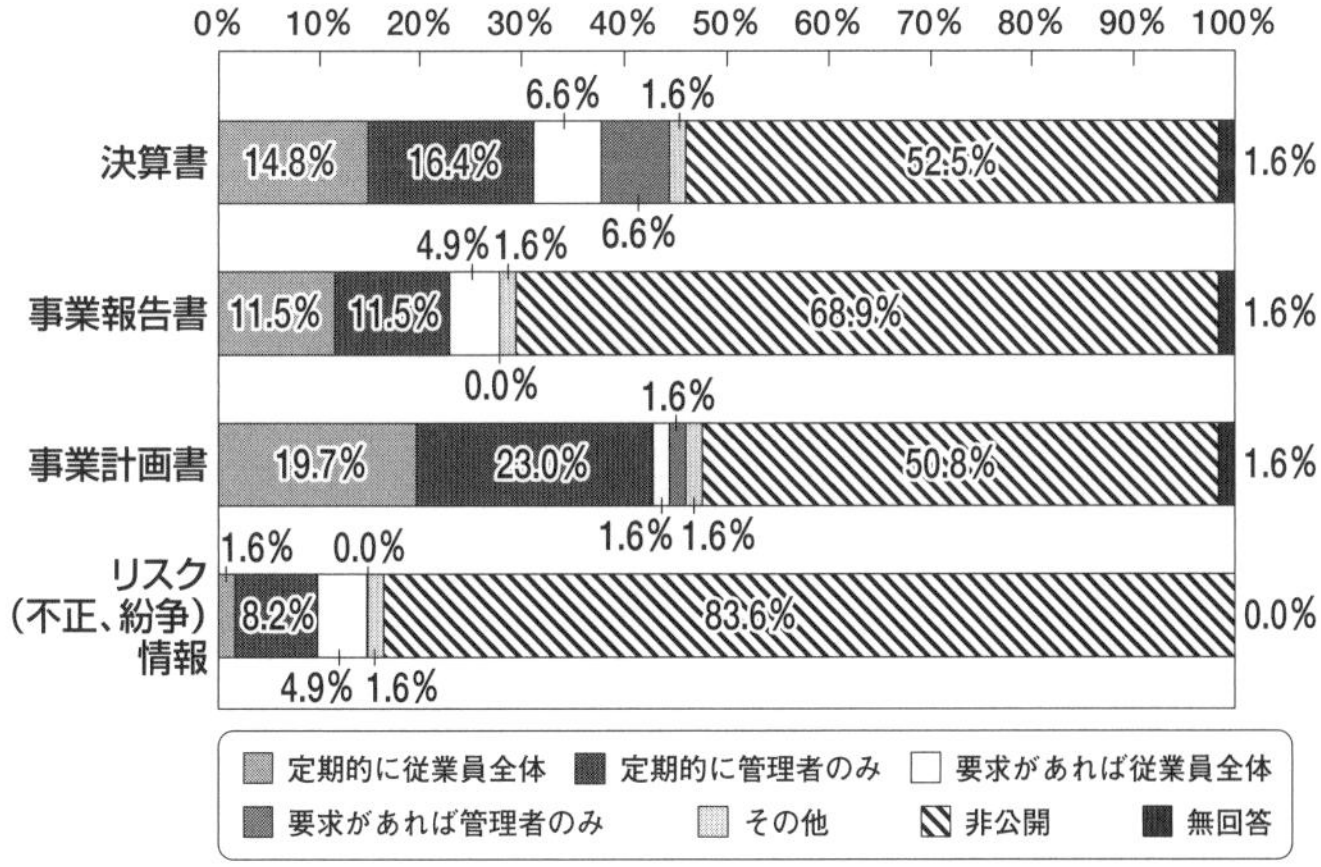

6. 信頼関係を高める方法

「研究会報告書」によれば、活力ある中小企業は赤字基調企業に比較して、従業員の経営参画に積極的であることが調査から明らかにされました。このうち、大きく差があるのは、次頁の表の三点です。

これに対して、目安箱制度や経営会議での一般従業員の参画機会などは赤字基調企業の方が高く、制度の有無が業績に結びつかず、制度の運用の工夫やこれらを活かす組織風土づくりが重要と結論づけました。

例えば、一般従業員が経営会議に参画してもほとんど発言の機会が無く、また、発言しても頭から否定されていては、たとえ制度があっても有効には機能しないでしょう。

これは、当事務所の例ですが、公式組織とは別に委員会組織を持っています。委員会は公式組織を横断してメンバーが集められ、委員長は、管理職以外が務めることになってい

	活力企業	赤字企業
朝礼が社員からの意見聴取の場を兼ねる	40.0%	18.8%
全体会議等	38.8%	31.3%
委員会・プロジェクトチーム	38.8%	31.3%

ます。これは、若いうちからリーダーシップをとる訓練にもなります。

筆者は三十代に青年会議所（ＪＣ）に所属していました。青年会議所には、理事長・委員長などの役職があり、それぞれに役割があります。そして、理事長を務め終えた人が、一般メンバーになることもあるのです（一般の会社では、社長を辞めて平社員になることは考えられないでしょう）。私は、比較的若いうち（三十三歳から三十四歳）に理事長職に就いたため、その後数年を経て一般メンバーになった際は、一般メンバーの模範になるとの気概を持って事に当たりました。役職が人をつくると言われますが、本当に貴重な経験をさせていただいたと思っています。若いうちから達成感を味わってもらいたいという願いから、この経験からの学びを事務所経営にも応用しているのです。

委員会では、特定の課題に対する原因追究や改善策を検討してもらいます。その検討のために参考図書を購入したり、必要な研

活力ある中小企業は従業員の経営参画に積極的

Q：従業員の経営参画の機会はあるか

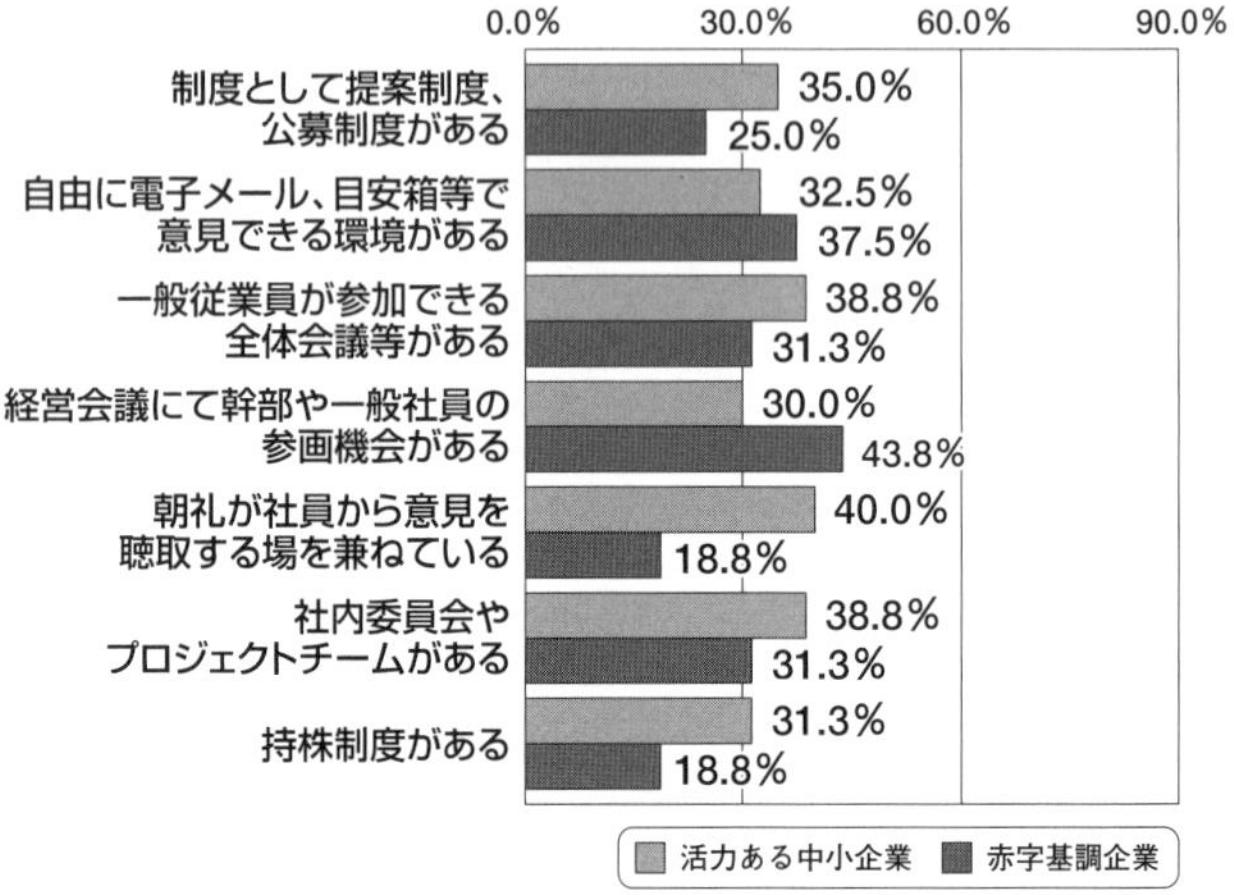

修に参加することも自由です。また、委員会単位で模範となる他事務所の見学会も行いますが、事務所全体で行う見学会よりもテーマが絞れ、かつ、少人数であるため、一人ひとりの責任感が高まり、効果があるようです。

委員会で検討した改善策は、全体会議に付議され、そこで決定されれば、公式組織がそれを実行します。また、実行した結果の業績評価指標は、関連する委員会が収集や取りまとめをして、全体会議に報告するようにしています。

小規模組織では、管理業務が集中し、業績評価指標を継続的に集計するのが困難であり、結果、続かないことがよくあります。これを防ぐには、管理指標の絞り込みとその集計担当の分散化が不可欠なのです。

7．一体感を高める方法

今日では、安易に従業員の福利厚生を切り捨てることで、経費を節減する傾向が強まっているようです。しかし、活力ある企業ほど、従業員育成と動機付けのための制度を実行していることがうかがえます（次頁図参照）。

「研究会報告書」では、活力ある企業と赤字基調企業とで顕著な差が生じているのは、168頁の表の三点です。

活力ある企業ほど、従業員間のコミュニケーションを取り、一体感を醸成することに心を砕いていることが理解できます。

二〇〇九年の日本青年会議所のサマーコンファレンスにて、坂本光司教授、金田光夫氏（鍋屋バイテック会社社長）、私の三人で、「地域や社会から必要とされる経営と企業」に

活力ある中小企業は様々な動機付けに積極的

Q：従業員育成や動機付けにかかる制度のうち、採用しているものは何か

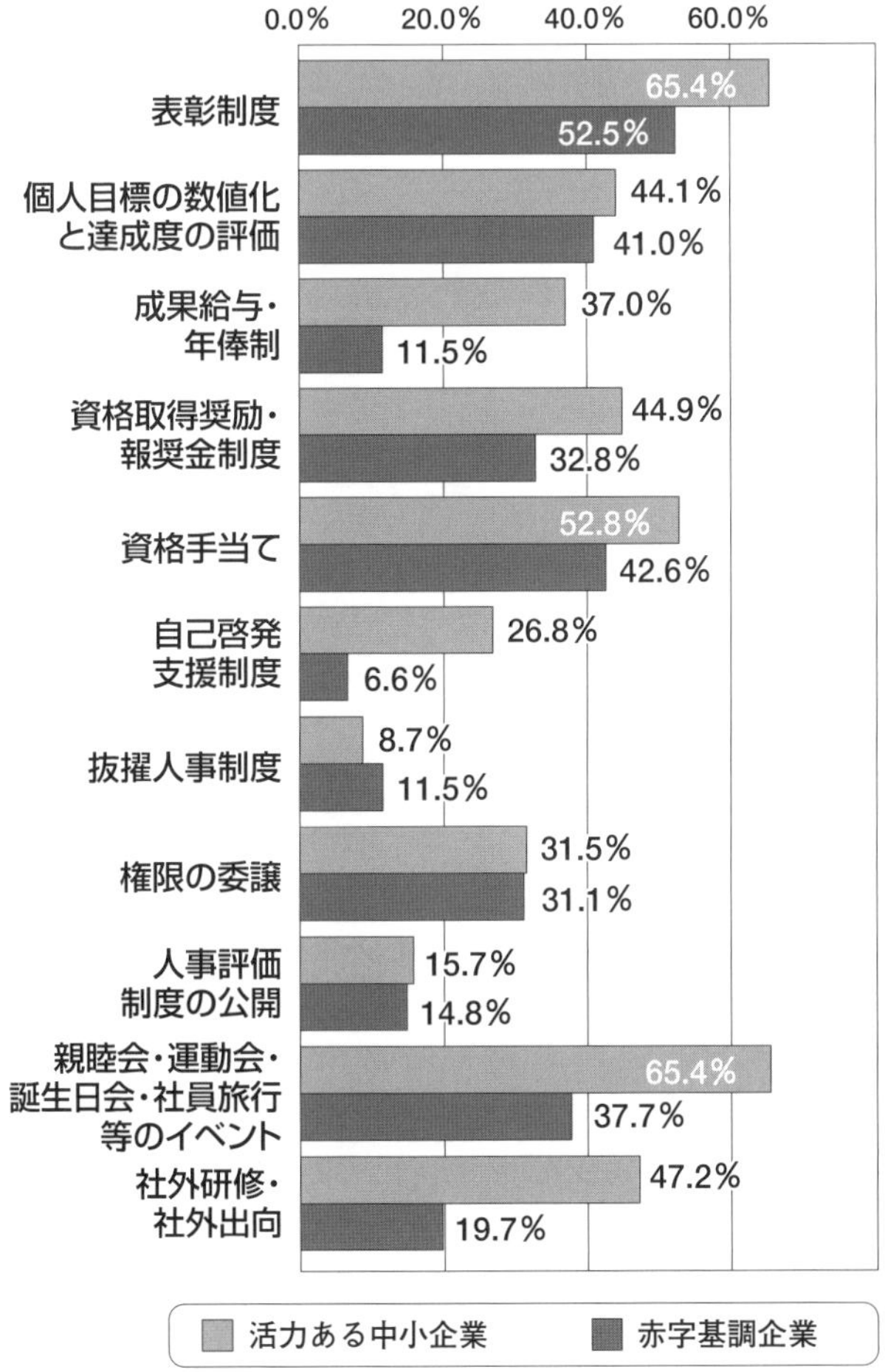

	活力企業	赤字企業
親睦会、社員旅行等の開催	65.4%	37.7%
社外研修・社外出向	47.2%	19.7%
表彰制度	65.4%	52.5%

関するパネルディスカッションを行いました。

鍋屋バイテック会社は創業四五〇年になろうとする長寿企業ですが、なんと、会社内に従業員用のプールまでつくっています。従業員の親睦会も盛んです。同社は、鋳物業から始まりましたが、時代に合わせ、その製品構成も大きく変革してきました。モノづくりの伝統を重視しながら、不断の革新を行ったことが同社の現在をつくっています。

金田社長は、ディスカッションの中で、次のように発言されています。

「社員同士のコミュニケーションはとても重要です。社員とその家族が集まり、パーティやもちつき大会を行い、会社内にあるホールで演奏会も行います。会社に社員の家族が足を運ぶ機会をたくさんつくり、家族同士の付き合いも深まっています。企業の不祥事はすべて社長の責任です。しかしお客様の信頼は社長一人でつくれるわけではありません。社員の努力が毎日毎日積み重ねら

れているからこそ、お客様から信頼されるのです。」(vii)

懇親会（コンパ）の重要性を認識し、それを経営に活かしている代表例は、京セラでしょう。問題は、この懇親会で何を話題にするかではないでしょうか。単に、飲むだけで終わりでは情けないと思います。もちろん、そういうこともたまには必要であることは否定しません。しかし、それだけでは、従業員のコミュニケーションが図れたとしても、単に仲良しクラブが誕生するだけで成果は生まれません。やはり、真面目に人生や経営を語る場もあるべきと考えます。

これも青年会議所時代の経験ですが、中村功氏（東日本ハウス創業者）を例会講師としてお招きしたことがあります。終了後、「些少ですが…」と講師料をお渡しすると、すぐに返されました。「これで酒を飲め！　ただし、人生を語れ」という言葉とともに。

思うに、本当に重要なものは目に見えませんが、それが重要であるかどうかを実感できるかが、成功・不成功の分岐点になるのではないでしょうか。

『荘子』人間世編に「**無用の用**」というものがあります。

「人は皆有用の用を知るも、無用の用を知るなきなり。」訳せば、
「人はみな有用なものの価値は知っているが、無用だと思われているものが実は大きな働きをしていることに気づいていない。」(viii)

この世界は、「**因果の法則**」が支配します。原因のない結果は無い、というものです。そしてこの原因は、まずは見えないところから生じることが大部分なのです。一見無駄なように見えたり、そのものが見えなかったりしている場合でも、それを大切にしていないことは、原因そのものをないがしろにしてしまう結果につながります。その結果、価値ある成果を生み出すことができなくなってしまうのです。まして、現在は、結果を求めることに汲々とし、原因次元まで想いを馳せることが少なくなりました。例えば、赤字基調企業ほど、目標といえば「売上高○億円の実現、□%の向上」などと、結果ベースの目標しか掲げない傾向にあります。「それを達成するために、どのように資源を配分し（意思決定）、行動するか」という原因次元の行動計画などがあいまいなままなのです。

やはり、目先の損得にとらわれることなく、長期的な視野で判断し、形になっていないものの価値を実感できるようにありたいものです。

事例5 従業員の育成を使命とする経営
～㈱つくば食品

「中小企業は人が大事」と語る八巻克社長

【企業データ】
株式会社　つくば食品
創業　平成七年二月
業種　業務用つゆ・たれ・ドレッシング等の製造・販売
資本金　一九〇〇万円
従業員数　三九名（パート含む）

取材日：平成二三年一月二七日

■働きやすい環境を作る

株式会社つくば食品は、全国のスーパー総菜や外食産業向けに、液体調味料や加工食品を製造・販売している企業です。

パートを含めて三九名という従業員数ですが、定着率はほぼ一〇〇%で、ごくまれに体調の問題でやむを得ず辞める人がいますが、不満があって辞めた人は今までいないといいます。

定着率を高くする秘訣を八巻社長に伺ったところ、次のようにお答えいただきました。

「私も四七歳までサラリーマンをしていたので、よく分かりますが、従業員も自分がやらされて嫌なことはやりたくないものです。だから従業員にとって嫌な（大変な）ことをしていただくときには、事前に話し合いをして納得してもらった上で仕事についてもらう。例えば、原料を配合表に従って計量するという作業は、製造工程の中で一番重要な仕事でもありますが、地味で飽きやすい仕事でもあるので、担当者とよくコミュニケーションをとって、現場に問題はないか、精神的につらいことはないかなどの点をケアするようにしています。」

同社は、パートも含め全従業員を貴重な戦力ととらえ、働きやすい環境作りに取り組んでいます。

パートは主婦中心なので、粘り強い人が多く、一番の戦力となっているそうですが、モチベーションをどのように保つかという課題や、中腰でやる仕事が多いため体力的にきついといった問題があるといいます。

社長自ら従業員やパートさんと話し合ってそのような問題点を積極的に改善するようにしているそうです。例えば二五キロある一斗缶から二・五キロ分の原料を量って出すという非常に辛い作業を、台に乗せて傾ける機械を導入して楽にしたというようなケースです。

■行動基準で従業員の力を引き出す

同社では、歩留まりをロットごとに把握して、一週間でトータルの歩留まりが何％だったというようなことを従業員に発表しています。それを聞いた従業員が「自分たちのやるべきことが正しくできている」と確認することで、製造部門全体のモチベーションアップにつながっているそうです。

また、現場のデータだけでなく、決算書や経営計画も従業員に公開しています。特に経営計画を作成し、経営計画発表会を行うようになってから非常に大きな効果があり、従業員の会社を見る目、会社とかかわる姿勢が変わったといいます。多くの従業員が会社のことを自分のことととして考えるようになったそうです。

同社では、経営計画策定のセミナー（税理士法人報徳事務所主催の「経営戦略・経営計画策定講座全五回」）に社長と経営幹部が参加して、経営計画を作成したことをきっかけに、三年前から次のような「行動基準」を掲げています。

つくば食品の行動基準

私たちつくば食品は、恐ろしいほどのスピードで変化している時代の中で己を見失うことなく、正しい生き方をするために次の行動基準に沿って行動します。

1. 他人を傷つけていないか
2. うそや偽装はしていないか
3. 自然の摂理に反してはいないか
4. 社会的正義に反してはいないか
5. 愛する家族に供したいか
6. 地球環境を大切にしているか

この行動基準の根底には、「無理をしないようにしよう」「素直に生きよう」という発想があります。これは当たり前のことを愚直に継続してやるということに価値があり、他人

地場産素材を使用した同社初のオリジナル商品「心味」

がやらなくても自分たちだけはそうしようという社長の考え方を反映しています。

社長が六三年間生きてきた中で、会社をつくって、少なくともその会社をあてにして就職してきてくれている人がいる。特に若い人が多くいる中で、結婚して子どもが生まれることも増えて、その子ども達の世代に何を残していくかということを考えていくうちに、何を基準にすればいいかが自ずから分かってきたそうです。

「無理をしなくても目標は達成できる」と社長は言います。その目標とは人間性を高めること。もちろん企業ですから売上も求めますが、それが第一義ではなく、社会人として価値のある人になること、価値のある生き方をすることを従業員に求めていこうと考えているそうです。

「従業員にはウチもいつかつぶれるかもしれない。そうなった時にちゃんと生きていけるように、どこででも通用するような人間になることが大事だよと言っています。『さすがにつくば食品にいただけのことはあるね』と言ってもらえるように、人間性を高めるということが、従業員にとっても一つのモチベーションになっているかなと思います。

従業員は地元で生まれ育った人が中心です。この地域の人は良くも悪くも自然体の人が多いので、良いところを引き出していきたいなと思っています。」

■人を育てることが使命

できる従業員とできない従業員がいるとしても、それは能力差よりも意識の差の方が大きいというのが社長の認識です。「意識を向上させろ」というだけでは無理なので、そのために社長が一緒に取り組んでいきます。一緒の会社で働くことは奇跡といってもよいほどの縁があるのだから、一人の人間として尊敬される人間になってもらいたいという思いを持っているといいます。

「中小企業の経営者には、ワンマンでがんがん引っ張っていくタイプと従業員をうまく融合させて合議制でやっていくタイプと二つありますが、自分は後者だと思います。強引な性格でもないし、カリスマ性が強いわけでもない。従業員の力を見抜き、引き出していくというのが自分のやることなのかなと考えています。中小企業では特に人が大事です。ウチも人で成り立っているんですよ。」

事例6

社長と従業員がお互いを深く知る「場」を持ち、一体感を高める

～㈱飯田製作所

取材日：平成二三年一月二七日

「今の自分があるのは周りの方々のおかげ」と語る社長の飯田正之氏

【企業データ】
株式会社 飯田製作所
創業　平成元年七月
業種　金属製品加工業
資本金　一〇〇〇万円
従業員数　一六人

■「経営計画発表会」で全従業員が目標を発表

株式会社飯田製作所は、金属製品加工業の会

社です。モノづくり企業である当社の従業員は一言でいえば「職人」。職人というのは黙々と仕事に取り組み、技術は「教えるもの」ではなく「盗んで覚える」というのが古くからのやり方です。しかし、今の若い人はそのような昔のやり方では仕事は覚えません。そこで当社では、技術をきちんと受け継ぐためにも毎年「経営計画発表会」を開催して、従業員がきちんと育つように「会社の方針」を訴えるということを行っています。

さらに従業員全員がそれぞれ仕事の目標と個人の目標を定め、それを色紙に書いて全員の前で決意表明し、絵に描いた餅にしないようお互いに励まし合いながら達成に向けて取り組むということも行っています。

社長である飯田正之氏はこう語っています。

「せっかく縁あって飯田製作所に勤めてくれたのだから、従業員が物心両面で幸せになるためにはどうしたらいいかを考えてこうした取り組みを始めました。目標を書いた色紙は会議室に掲げておき、すぐに忘れてしまうことのないようにしています。もちろん達成できる人もいれば、達成できない人もいますが、書くことによって意識し、それに向かって努力するということが重要なのです。」

■経営危機をチャンスに変えた「社長の覚悟」

同社は数年前に大変な経営危機に陥りました。大口取引先が倒産したのです。しかし、そのときでも従業員はほとんど辞めませんでした。むしろ、その日をきっかけにして団結力が高まったといいます。「自分の責任であるから自分の給料をゼロにしてでもこの危機を乗り切る」と、社長が腹をくくってやる姿勢を見せたことが信頼につながり、ついてきてくれたのではないかと社長は振り返ります。

「実は、取引先倒産の連絡を受けた日が新入社員の歓迎会だったのです。もし中止にしたらせっかくの晴れの日を台無しにしてしまう。それは避けたいという思いから、取引先が倒産したことは従業員には一切話さず、歓迎会が終わってから打ち明けました。連鎖倒産の危機ですから、新しい従業員を入れる余裕があるわけもなく、採用取り消しの要求が出てもおかしくありません。しかし従業員は新入社員を辞めさせないでくれと頼みこんできたのです。幹部社員は、自分たちの給料を三割カットしてもいいから辞めさせないでほしいとまで言ってくれました。」

また、仕事が無くて大変な状況を「勉強時間が作れるチャンス」ととらえて従業員教育を行いました。

「職人は仕事一筋の人が多く、仕事が無くて休んでいるとモチベーションが下がってしまう。その結果、仕事の質が落ちてクレームも増えてしまうので、何とかしなければならないと考え、こういう時こそ従業員に勉強してもらおうと思ったのです。」

こうして勉強をしてもらった結果、従業員はコミュニケーション能力や労働安全の知識、パソコンの技術などを習得でき、従業員同士の絆を深めることにもつながったといいます。

■従業員を深く知り、会社のことも深く知ってもらう

社長と従業員の間でコミュニケーションが良好でないと会社の一体感がなかなか出ません。同社は、その問題の解決策として「一対一ミーティング」を毎月行っています。ミーティングを行った後の従業員の仕事に対するモチベーションは全然違うといいます。つまり、従業員が「社長が私のために時間を作ってくれた」という気持ちになるのです。また、一対一であるために従業員が本音を語ってくれるので、従業員一人ひとりを深く知ることにつながり、社長が勘違いをしていたことに気づくこともたくさんあると言います。

従業員を深く知ると、給料以外の報酬を従業員にあげることができます。例えば、従業員やその家族の誕生日にはプレゼントをしたり、言葉をかけたり、従業員が実家に帰る時

には差し入れを渡すといったことです。相手は「自分のことを気にかけてくれている」という気持ちになってうれしいのです。こうした気配りは、社長の奥様である専務が担当し、家庭だけでなく、仕事でも内助の功を発揮しているのです。

従業員のことを一方的に知るだけでなく、従業員にも会社のことを知ってもらうために、朝礼を活用して経営計画・決算・不良率などの情報公開を徹底しています。

例えば毎日の朝礼では、「今月の売上目標はいくらか」「売上目標に対して現在の受注額はいくらか」「目標達成のために今の段階で受注していなければならない金額はいくらか」「目標達成に対して足りない金額はいくらか」を発表します。こうした発表は、従業員からの提案で開始したそうですが、この発表を始めたことで各従業員が目標に到達するためにはどうしたらよいかを主体的に考えるようになり、それを行動に移していくようになったといいます。

さらに、売上・利益・経費などの財務情報についても、従業員にしっかりと説明して納得してもらうようにしており、これが安心して働けることにつながっています。

また、一体感を高めるために全従業員で社是の唱和などを行っているのですが、全員の声がぴったり合うように徹底しています。その結果、倫理法人会の「活力朝礼コンクール」

で優秀賞を取り、今では他社から朝礼の見学に来るようにもなりました。

■委員会活動を通して人間的に成長し仕事に活かす

当社には「改善委員会」「５Ｓ安全委員会」「研修委員会」「レクレーション委員会」「広報委員会」といった社内の委員会があります。委員会の活動を通して、従業員が会社を良くするために一生懸命考えることで、奉仕の気持ちを養っているそうです。さらに、自分の本来の仕事以外のことをやることが勉強になっているといいます。

「飯田製作所の従業員が委員会活動を通して人間的に成長していき、仕事に対するモチベーションを高めていくことによって、飯田製作所の作るものは違うという評価につながっていくのではないかと思います。」

従業員の人間的成長は、仕事に取り掛かる前の振る舞いにもしっかりと表れているといいます。なんと、当社では従業員が仕事に入る前に、作業機械に対して一礼をしているのです。

「モノは生きています。作り手が心をこめてつくるとやはりいいモノができ、適当な気持ちだとやはりそれなりのモノしかできません。機械に対し心をこめて扱うことは、そこ

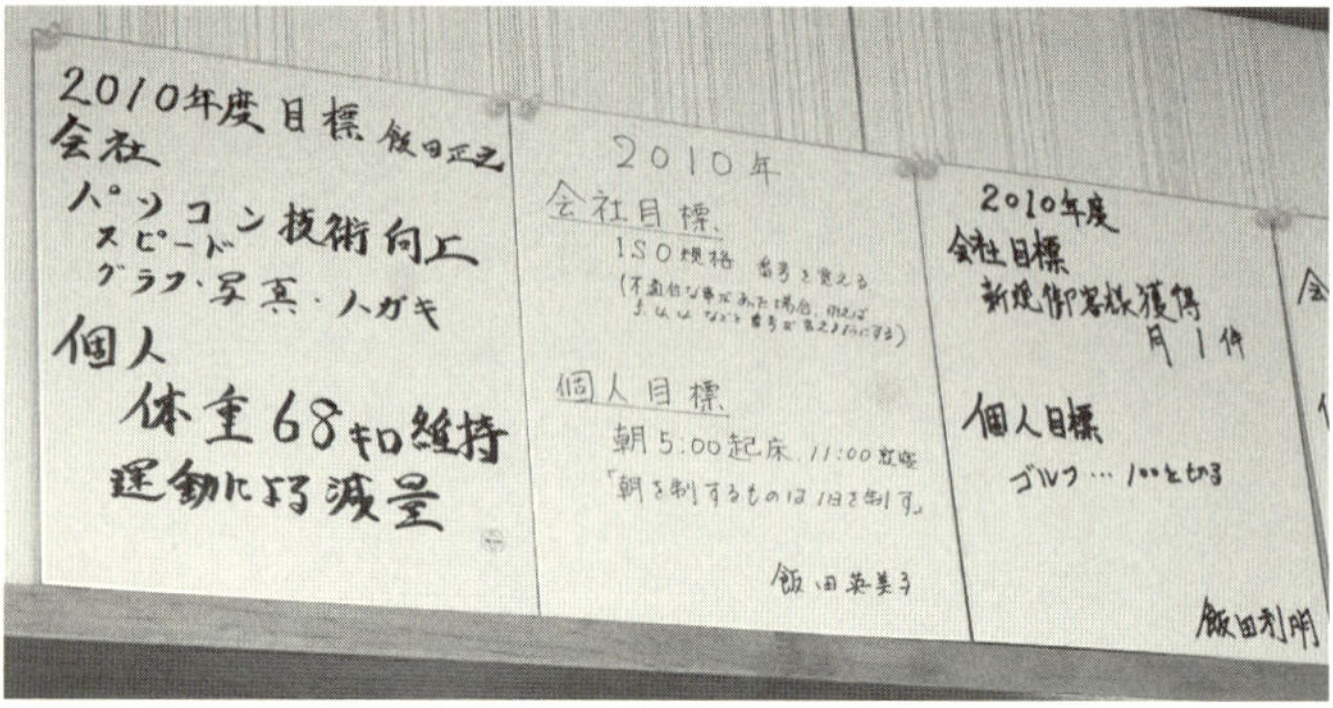

会議室には社長をはじめ全従業員が掲げた目標が掲示されている

からできるモノを心をこめて作ることにつながります。そうした考えを従業員が持つことは利益を追求する以上に大切なことです。飯田製作所に入ってくれた従業員がこの会社に勤めて四〇歳になったとき、同窓会などで、他の人よりも器が大きくなった、成長したと言ってもらえるように、今後も仕事を通じた人間作りをしていきたいと思っています。」

事例7
自立した従業員のチーム力で目標達成を目指す
～㈱恒電社

【企業データ】
株式会社 恒電社
創業　平成四年十月
業種　電気・通信・空調設備工事
資本金　一〇〇〇万円
従業員数　一一人（パート含む）

取材日：平成二三年一月二八日

屋上にサッカーボールが浮かぶ社屋

■サッカーと経営には共通する点がある

埼玉県北足立郡伊奈町にある株式会社恒電社の屋上

には大きなサッカーボールが浮かんでいます。テレビ番組の「珍百景」にも取り上げられかけた名物です。これを見ても分かるとおり、同社の恒石隆顕社長は大のサッカー好き。従業員にもサッカー経験者が多数集まっています。ワールドカップの日本戦の時は、翌日会社を休みにし、会社の会議室に近所の人も大集合して、大型画面で応援します。

恒石社長は少年サッカークラブの監督もされていますが、経営者としての仕事にサッカー監督の経験が活きる点があると言います。

同社の仕事は一般住宅を中心とした建物の設備工事。同時に複数の現場が動いています。サッカーの監督は、試合が始まったらピッチの外から指示するだけで、自分ではプレーできません。同様に、工事の仕事も現場でプレーするのは従業員です。社長が仕組みをつくって下に任せたら、あとは各現場で従業員が自分たちで考え、連携して動かなければなりません。

そのために日々の準備やトレーニングを重視しているといいます。

「サッカーでも試合で出せる力は練習の時の七～八割程度です。トレーニングして準備しなければ本番の試合で結果を出せません。そして、ベンチでいいやと思っている選手は絶対にレギュラーになれません。向上しようという意識がないと伸びないのです。」

■チームプレーが強みになる

一人ひとりのプロ意識を高める実力主義でありながら、家族主義でもあります。

二十代前半から四十代前半までの比較的若い従業員が中心なので、社会人としてどこに出しても恥ずかしくないレベルの従業員になってもらうよう、身なり・挨拶等の指導を徹底しています。仮に同社を辞めることがあっても困らない、どこでも通用する従業員になってほしいとの思いからです。

また、家族主義といってもぬるま湯的にならず、実力主義といっても競争による敗者を出さない点が同社の特長です。

「限られた人数で仕事をしているので、力を出せない従業員がいても切り捨てるのでなく、周りがカバーし合っています。上にいる者を引きずり下ろして自分が上に行くのではなく、弱点を補い合って一緒にゴールに向かうというチームプレーの発想です。」

■目標と現状の差を把握することで達成するパワーが生まれる

目標＝ゴールを設定することが重要だと恒石社長は語ります。目標を達成できれば利益を従業員みんなに分配することができるので、従業員にとってもそこを目指して頑張ることができます。また、現状と目標の差がどれぐらいあるのかを把握できる仕組みにもしています。

「仮にサッカーの試合途中で、点数が何対何か分からず、勝っているのか負けているのかも分からなければ、作戦も決められないし、選手もどう頑張ればいいのかわからないんです。経営でも、現時点の売上や利益を把握して、今までの仕事の結果は良いのか悪いのか、悪いとしたら何がいけなかったのか、目標達成のために何をすべきなのか従業員に考えてもらうことが必要です。」

そのために同社では、月次の売上や利益を全従業員に伝え、さらに半期を経過した時点で会計システムの詳細な資料を使った業績検討会を開催しています。こうした会議でも、社長がトップダウンで方針を決めるのではなく、従業員が中心になって議論すると言います。「社長一人の力でできることは少ない」と社長職を社内の役割の一つと割り切ってとらえ、従業員が気づかない点や会社の枠からはみ出しそうになったときにだけ、社長は意見を言います。

業績検討会では、全社の業績から一現場ごとの完成工事高・工事原価まで公開しています。生の数字を見せて従業員に問題意識を持ってもらい、いろいろと考えてもらうことが、

経営をサッカーにたとえて語る恒石隆顕社長

原価や利益に対する意識を高め、これが業務の改善につながっているのです。

例えば同社の倉庫には、工事に使う材料の在庫がほとんどありません。通常は、何回も発注したり、余剰分を返品したりする手間が増えることを嫌がり、ある程度の在庫は持つものですが、無駄は金額となって会社にはね返るということを従業員全員が理解しているのです。

■大きな視点からの動機付け

業績の目標を伝えるということも動機付けですが、社長が意識している動機付けはもっと大きい視点からのものです。

「人生の中での大きな目標を持っても

らってこそ、仕事の意味・働く意味があるので、そういう面から従業員の人生を手助けしたい。ウチで働いてもらって、手に職をつければ食っていけますし、技術が上がれば給料も上がりますし、結婚して家を建てて家族を幸せにするということも実現できるようになります。自分も周りも幸せになるために一緒にやらないか、ウチで一生懸命やりなよ、という意識です。」

そうした動機付けによって資格の取得や社内でのステップアップを目指す従業員が増えているとのことです（現に、無資格で入社した従業員は例外なく、電気工事士の取得を目指しています）。

会社を「社長のもの」とせず、従業員に目標を達成してもらい従業員に喜んでもらいたいとする経営だからこそ、従業員の皆さんも「自分の会社」という思いを強くし、自分のため、会社のために、そしてお客様のために頑張れているのではないでしょうか。

事例8
仕事の魅力を従業員に伝えて活性化
～㈱山﨑プリント

親子で経営に取り組む山﨑茂廣代表取締役（右）と邦秀常務

【企業データ】
株式会社　山﨑プリント
創業　平成元年五月
業種　特殊印刷
資本金　三五〇〇万円
従業員数　三〇人（パート含む）

取材日：平成二三年一月二七日

■「背中」と「理屈」で従業員を教育

食品の包装フィルム等の特殊印刷を行う株式会社山﨑プリ

ントは、山﨑茂廣代表取締役と長男である山﨑邦秀常務を筆頭に三人の子息と共に経営に取り組んでいます。

同社は印刷業とはいえ、食品に関連するものを扱う性格上、環境対応や設備等のレベルを受注先から厳しく要求されています。特に数年前に異物混入や毒ギョーザ事件などが相次いだころからその傾向が強まったそうです。そうした要望にも早めに対応し、「いい仕事をしていれば客は来る」というスタンスで、厳しい経営環境の中でも黒字経営を続け、成長しています。

企業が成長すれば、従業員が増えることになります。社長は従業員に対して、自分が仕事をしている「背中を見せて」学んでもらうタイプ。そこに常務を中心とした若い幹部が「理屈」を教えてバランスよく従業員教育をしています。

常務はセミナーなどに通って経営について学んでいくうちに、「人を大切に」ということを中心に考えるようになったといいます。

「以前は『自分がやれば何とかなる』という発想で、現場でも難しい仕事があれば自分が引き受けて部下には簡単な仕事をさせていたのですが、それではいつまでも下が育たない。新しい従業員が入っても上が詰まっているのでは希望がもてない。それでは会社としての発展がない。そう考えて、若い人にもどんどん仕事をまかせて、頑張れば昇格や昇給するチャンスがある、と思ってもらえるようにしたいと考えています。」

また、現場で機械を動かしている間だけ（ＯＪＴ）で新人にすべてを教えるのは難しいため、週一回時間を取って、現場以外の場所で指導する時間（ＯｆｆＪＴ）を取っています。これを行うようになってから特に作業の安全面、品質面で効果が出ているそうです。

■「見える化」で従業員の頑張りを引き出す

生産管理の数値を出せる体制を整え、今は毎週でも毎日でも生産管理の数値を確認できるようになっています。大きく分けて五台の印刷機等の設備があり、それぞれの売上・粗利益・歩留まり・クレームを毎月集計し、一人当たり生産高まで出しています。その数値は従業員全員に公開し、数値が良かったときは何をしたから良かったのか、数値が悪かったときは悪かった原因は何か、を全員に考えてもらうようにしています。

また、数値を公開するだけでなく、毎週月曜日の朝に数字を見ながらミーティングを行っています。数字が悪ければ改善すべき点をチェックし、数字が良ければ社長が担当者を直接ほめるそうです。

印刷機、スリッター等を５台保有

そうしたことで、昼休憩の時間も機械を止めないように機械の担当者が交代で休憩するなど、従業員が自発的に工夫するようになり、残業時間も短縮し、生産性も数年前と比べて相当上がってきているそうです。

印刷業は大変クレームの多い業種です。特に食品業界は品質への厳しさが一〇年前と比べると雲泥の差になっており、ちょっとしたゴミが一つ付いているだけでもクレームにつながります。同社もクレームはそれなりにあったそうですが、今年度は二年前の約半分にまでクレームが減少しているそうです。これもクレームを「見える化」したことなどの効果と思われます。来年以降は、クレームによる損失が減った分の金額は、すべて従業員に還元する方針だそうです。

■仕事を面白くさせる

従業員との一体感を高めるために行っていることは、「従業員の話をよく聞くこと」だといいます。話の内容は従業員によって仕事の話もあれば、悩んでいること、家族の話などバラバラです。上から一方的に話をしたり、指示したりするのではなく、相手の話や考えを引き出すことに努めています。「気持ちよく仕事をしてもらうために、不安や怖さを払拭してもらいたい」という考えが根底にあるのです。

また、会社見学や包装展などにも従業員を積極的に行かせたり、業界誌を読んでもらったり、という活動も行っています。こうしたことも社内の雰囲気作りや動機付けにつながっているようです。

そして、社長は動機付けで一番重要なことについて、次のように語っています。

「ウチは製造業だから、やる気を起こさせるためには仕事を面白くさせてやらなきゃいけないと思っています。それが経営者や幹部の仕事であり、ウチの規模で言えば私の仕事です。技術や数字など何を面白いと思うかは人それぞれですが、新人に向けては主に私自身の経験を話しています。最初は印刷の仕事を難しいと思ったこと。それをいとも簡単にやってしまう先輩をすごいと思ったこと。自分の仕事が形になって世の中に出ていき、店頭で見て自分の苦労を思い出すこと・・・。そうしたことを伝えて、目の前の『作業』を『仕事』に変えてほしいと思っています。」

i 宮田矢八郎教授は「環境要因」の方が分かりやすい、と提唱しておられるが、その通りだと思う。『経営学100年の思想』（2001年2月第1刷）P171　宮田矢八郎著　ダイヤモンド社

ii 『改訂新版　人間性の心理学』（2009年7月23刷）P40　A.H.マズロー　小口忠彦訳　産業能率大学出版部

iii 同P56〜72

iv 〈モチベーション3.0〉とは何か？

コンピューター同様、社会にも人を動かすための基本ソフト（OS）がある。

〈モチベーション1.0〉…生存（サバイバル）を目的としていた人類最初のOS。

〈モチベーション2.0〉…アメとムチ＝信賞必罰に基づく与えられた動機づけによるOS。ルーチンワーク中心の時代には有効だったが、21世紀を迎えて機能不全に陥る。

〈モチベーション3.0〉…自分の内面から湧き出る「やる気！＝ドライブ！」に基づくOS。活気ある社会や組織をつくるための新しい「やる気！」の基本形。

v 『モチベーション3.0』（2010年11月第7刷）P191　ダニエル・ピンク著　大前研一訳　講談社

vi 同P203〜207

vii 『日本をあきらめるな！』（2009年12月初版）P230　社団法人日本青年会議所編　PEARL BACK

viii 『中国古典の名言録』（2006年12月第6刷）P214　守屋洋・守屋淳著　東洋経済新報社

第5章

学び続けることが成長の礎

「人間というものは、妙なもので、内省を深めるようになると中味ができてきますから、自ずから風采・態度が変わってくる。すなわち、大分出きてきたなということがわかる。といってもわかるためにはこちらにも、すなわち、観る方にも学問がなければならぬ。学問をしなければ、人を観る目ができない、識見・眼識が生じない。」

安岡正篤著『立命の書「陰騭録」を読む』

1. 研究会が提示した活力企業のポイント

研究会では、ポイントの7として、経営者力向上の重要性を指摘しました（以下、同報告書を抜粋引用します）。

ポイント7　経営者力向上に取り組む

◆「自分づくり」を行う

常に変化していくビジネス環境の中で、将来にわたってビジネスを継続していくためには不断の「革新」が必要です。

良くも悪くも企業を導くことができるのは、経営者のみです。企業の経営力を向上させるために欠かせないのは、従業員の「人づくり」を行うこと以上に、経営者自身の「自分づくり」をすすめることです。

経営者自らが経営者力向上に取り組むことによって最適な判断力を発揮することができれば、「活力ある企業」として継続することができます。

「自分づくり」を進めるとともに、リーダーシップを発揮して会社の将来を見据えた新たな商品開発・事業の企画・人材育成・組織や環境づくりに取り組み、社会の変化に立ち向かうイノベーションを起こしていきましょう。

2.「経営者力」に込めた願い

通常、「経営力」とは言いますが、「経営者力」と言うことは少ないようです。しかし、本研究会では、あえて「**経営者力**」という言葉を使用しました。これは、中小企業の経営の結果は、九十九％いや、一〇〇％社長の力で決まるからです。これについては、さまざまな識者が指摘しています。

例えば、慶応義塾大学名誉教授清水龍瑩氏は、

「中小企業が苦しいのは、カネや技術がないのではなく、情報と情報を結合しようとしないからである。・・・ほんの僅か他社より優れた製品を出した企業が生き残り、他社よりほんの僅か劣った製品を出した企業が潰れていく事実をよく認識する必要がある。

ほんの僅かに優れた製品を出すためには、経営者はつねに自分の会社の現場と、世界の社会・経済・政治の変化を結びつけて、自社の問題点、対処策を深く考える必要がある。

優れた経営者が他の経営者と異なるのは、ミクロの現場とマクロの世界の動きとを、常に、より深く、より広く、より長期に考えているところにある。」(i)

また、経営コンサルタント一倉定氏は、

「事業というものは、『やり方』の上手下手で運命が決まるものではない。『決定』によって運命が決まるのである。・・・『決定』は社長、『実施』は社員の役割である。そして任せるのは『実施』であって『決定』ではない。」(ii)

以上の例を見るまでもなく、経営者(社長)は意思決定により、企業の方向性を決定する役割を担う人です。

経営者の中には、朝早くから夜遅くまで働いても、成果が出ないと嘆く人がいます。その場合は、方向性を再確認してみることが必要でしょう。たとえで言えば、沖縄に行こうとしているのに千歳行きの飛行機に乗ったら、どんなに頑張っても沖縄には着きません。これは笑い話のようですが、はたから見ると同じように努力の方向性が間違っている赤字企業の社長は非常に多いのです。

3．社長の学びとは

今から約六年前、七人の税理士・公認会計士が集まって十数回の研究会を持ち、その成果として『社長の仕事』(iii)を出版いたしました。同書では、中小企業の社長に対し、社長の仕事として、次の六項目を提唱しました。

①経営理念を定め、企業に命を吹き込め。
②経営戦略を決め、実行せよ。
③適正利益を確保せよ。
④組織を活性化させよ。
⑤顧客を訪問せよ。

⑥学習と成長の仕組みを作れ。

詳細は同書に譲りますが、このうち、⑥が本章に関連するところです。同書では、「**経営者自身の研さん方法**」として次のようにまとめました。

「経営者は多忙ですが、伸びている経営者ほど読書、研修、人脈作り等に熱心です。伸びる経営者の共通点は、『好奇心』と『感性』のレベルにあるのではないかと思います。何にでも興味を示す『好奇心』が強ければ、業務に直接関係ないような情報でも収集し、数年後その情報が『発酵』して役立つことになるからです。

いくらセミナー等に出席しても経営に活かせない人もいます。その反対に『感性』を研ぎ澄まし、大量・複雑な情報の中から、自分に役立つものを見つけ出す経営者もいます。その差は、情報を『引っ掛ける』力の違いといえるでしょうか。『類は友を呼ぶ』という言葉がありますが、これは、人は自分の中にあるものしか引き寄せられないという法則性を意味しているようです。すなわち、経営者は自分自身を成長させ、器を大きくしていか

活力ある中小企業の経営者は情報収集に熱心

Q：各種セミナーやシンポジウム・異業種交流会などに参加しているか

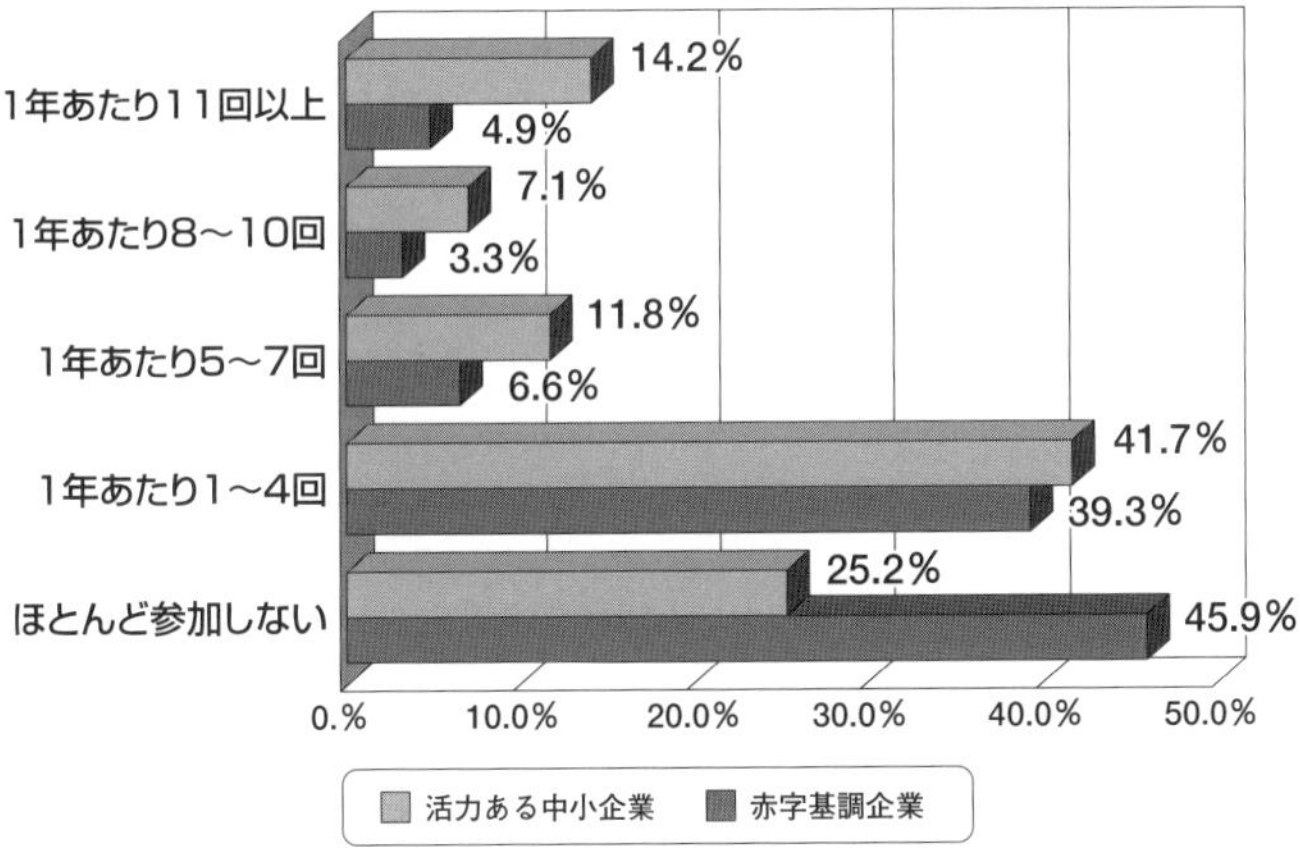

ない限り企業を成長されることもできないといえるのではないでしょうか。」(iv)

同研究会報告書でも、「各種セミナーやシンポジウム・異業種交流会などに参加しているか」の質問に対し、「一年当たり、十一回以上」の参加経営者が活力ある企業では一四・二％にもなっているのに対し、赤字基調企業では、四・九％にとどまっています。これに対し、「ほとんど参加しない」経営者は活力ある企業では二五・二％であるのに対し、赤字基調企業では、四五・九％となっています。これは、活力ある企業の経営者が勉強熱心であるのに対し、赤字基調企業の経営者は不熱心、その結果、独り善がりの経営になっていることがうかがえます。

経営者インタビューでも、学びの重要性を「会社の業績は九十九%以上が社長の姿勢にかかっている。常に感謝の気持ちを持って接していると、いざという時に協力者を引きつける。人格を磨き、読書や人間関係から気づきを得ることが大事。」㈱つくば食品代表取締役社長八巻克氏）と明確に指摘されています。

4. 学びを成果に転化できないのはなぜか

　ところが、学んでも成果に結び付けられない人がいることも事実です。経営者でも勉強会が好きではしごをする人がいますが、業績に結び付けられない場合がよくあります。これには、二つの理由があるでしょう。すなわち、第一に**実践力そのものが弱い場合**です。貫徹力といってもよいでしょう。学んでも習わない典型例です。第二に自社の現状に当てはめる**創意工夫ができない場合**です。これは学んでも思考しない典型例です。ドラッカーも、自分の理論を実践するときは現状に合わせてやるようにと言っていたそうです。(v)

　学びに関して、論語はいくつかの教えを説いています。

　例えば、学而編では、『學びて時に之《これ》を習ふ、亦説《またよろこ》ばしからずや』とあります。これを意訳すれば、「人から聞いたり本を読んだりして学ぶだけでなく、何度も訓練してできるようにする。それが習慣となって人格も変わっていくよ。それは非常に悦びだなあ。」となります。「説」は「悦」の当て字であり、同じよろこびでも、「喜」は一時的なものに対して、「悦」は永続するよろこびを意味しています。物質的なものを手に入れることは、一時的には喜びとなるかも知れませんが、精神的な成長のよろこびは永続する悦びとなるのです。また、これは知識を単に頭で理解するだけでは駄目で、**繰り返し訓練して、習慣となるまで実践する**ことが大切であると説いています。

また、為政編では、『學びて思わざれば、則《すなわ》ち罔《くら》し。思いて學ばざれば則ち殆《あやう》し。』とあります。これは、「ただ学ぶだけで自分の頭で思考しなければ、単なる飾りの知識が身に付いただけだね。単なる物知りだ。逆に自分で考え抜いているだけで、学ばなければ独善的になってしまうよ。」ということでしょう。これは、先ほどの教えと同じように創意工夫の重要性を説いている言葉です。

5. 成果をあげることは習慣である

成果をあげるために、一定の知識や経験は必要でしょうが、それは生まれつきの才能ではなく、その実践的な能力は習得できる、とドラッカーは言います。しかも、それはあきれるほど単純で、七歳の子供でも理解できるとさえ言います。そして、成果をあげる知識労働者は仕事からスタートせず、時間からスタートし、時間を奪おうとする非生産的な要求を退けます。得られた時間を大きくまとめ、そこに労力と資源を集中するのです。

また、貢献に焦点を合わせ、自らの強みを活かせとも説いています。(vi)

さらに、自己の価値観に合った組織で働くことの重要性も次のように説いています。

「組織において成果をあげるためには、働く者の価値観が組織の価値観になじむものでなければならない。同じである必要はない。だが、共存しうるほどに近いものでなければならない。さもなければ、心楽しまず、成果も上がらない。」(vii)

資格試験などの受験勉強の合格者はこのあたりの原理をよく理解できるでしょう。よほどのことが無い限り、集中した時間をつくり、勉強に集中したはずです。趣味などの楽しみも一時的には犠牲にしたことでしょう。これが当たり前なのです。これに対して、何年かかっても合格できない人の特徴は、集中することが苦手で、勉強以外にも時間を当てています。しかし、人と同じ行動をしていては合格するわけはありません。

また、自動車の運転免許を取ったばかりの人はどうしても顕在意識で運転しますので、非常に疲れます。しかし、慣れてくるとあまり意識しなくても運転ができるようになります。これは、**反復訓練の結果、潜在意識に落とし込まれた**からです。**体で覚えた状態**と言ってもいいでしょう。

成果を出すために、「集中する」というとどうしても緊張している状態という誤解がありますが、緊張しているだけでは成果は生まれません。**集中しながらリラックスしている状態**でしか成果は生まれないようになっているのです。

また、繰り返すようですが、原理原則を学ぶだけで実践しなければ成果は出ません。これに対し、実践の経験の中からのみ学ぶだけでは、どうしても視野が狭くなってしまいます。

6. 自分づくりの本質

人生とは、自分の本質を探究し、それに磨きを掛けつつ、周りに好影響を与え続ける旅である、と言えます。自分づくりとは、まさに自分の本質や個性・強みを発見し活用し、社会の一員としての役割を果たすことであり、人生そのものといっても過言ではないでしょう。

二十世紀は、物質が人間社会を豊かにし、これが、幸福につながるとの考えのもとに、物質的豊かさを重視し追求した時代でした。しかし、一定の豊かさを享受し、幸福感（のようなもの）は得られたものの、心の底からは幸福に満たされなかった時代と言えましょう。また、この反省からか、前世紀末からは精神的価値を求める人々も多くなってきました。しかし、私はこのいずれも両極端であって中道ではないと思います。

日本には「**惣**」という文字があります。これがすべてを表しているように思えてなりません。「惣」の文字は、「物」と「心」から成り立ち、しかも、**「心」が「物」を支えている**形になっているのです。すなわち、私たちは、この両者を共に大切にすることが今こそ求められているのではないでしょうか。人間は、肉体がある限り、それを維持していくために食べなければなりません。誰もが、物質の恩恵に浴し、その恵みで生かされて生きている存在なのです。この意味で、物質を否定することはできません。しかし、物質ばかりに価値を置けば、また、前世紀と同様の結果（環境問題、経済至上主義、人間同士の絆の弱体化や喪失など）をもたらしてしまうでしょう。

二宮尊徳の「報徳思想」は論語の「以徳報徳」（徳を以て徳に報いる）から命名されましたが、「徳」とは宇宙から万物が与えられた価値を言い、「報いる」とは、その徳を活かしきることだと言われています。

人間の顔が違うように、すべての存在には、その理由があります。そして、それは相互に奉仕しつつ、より良い社会の建設を宿命づけられています。そして、無駄なものは何一つないのです。

お互いを励ましあい、助け合い、そして「共創」しあう。そんな人間関係がベースとなって、企業経営が営まれれば、必ず、「尊敬される企業」が各地域から輩出されていくことでしょう。そしてその尊敬される企業は、一つの光となって遍《あまね》くこの社会を照らしていくことでしょう。一隅を照らす光こそこの国の宝であり、この宝をつくれるかどうかは、個々の中小企業経営者の決意と生き方にかかっているといっても過言ではありません。

i 『中小企業のための社長業の条件』（平成9年7月初版）P1～2清水龍瑩著　税務経理協会

ii 『新・社長の姿勢』一倉定の社長学全集9（2007年6月新訂版）一倉　定著　日本経営合理化協会

iii 『社長の仕事』（2006年5月第1版第9刷）TKC全国会創業・経営革新支援委員会 バランス・スコアカード研究小委員会著（著者分担執筆）TKC出版

iv 同P37～38　著者執筆部分

v 「週刊ダイヤモンド」（二〇一〇年十一月六日号）P67

vi 『決定版ドラッカー名言集』（2010年12月第1刷）P67～89　P．F．ドラッカー著　上田惇生訳　ダイヤモンド社

vii 『明日を支配するもの』（1999年3月初版）P210　P．F．ドラッカー著　上田惇生訳　ダイヤモンド社

参考文献

参考文献は、直接引用したものだけでなく、本書の理解を深めるために、必要と思われるものも記載し、また、ジャンル別に示しました（順不同）。

一．哲学・理念に関するもの

丸山松幸訳『易経』中国の思想Ⅶ　徳間書店
天野鎮雄著『孫子・呉子』新釈漢文大系36　明治書院
富田高慶著　佐々井典比古訳注『補注報徳記』現代版報徳全書　第2巻　一円融合会
赤塚　忠著『大學・中庸』新釈漢文大系2　明治書院
金谷　治訳注『論語』岩波文庫
守屋　洋・守屋　淳著『中国古典の名言録』東洋経済新報社
大和信春著『企業理念』ＴｈｉｎｋＷｏｒｌｄ出版
中村　元著『中村元選集［決定版］第15巻　原始仏教の思想Ⅰ』春秋社
土屋　喬著『日本経営理念史』麗澤大学出版会
宮田矢八郎著『収益結晶化理論』ダイヤモンド社
宮田矢八郎著『理念が独自性を生む』ダイヤモンド社
坂本光司著『日本でいちばん大切にしたい会社１～４』あさ出版
天明　茂著『「志企業」のすすめ』致知出版社
平田雅彦著『江戸商人の思想』日経ＢＰ社
赤岩　茂著『夢をかなえる経営計画』ＴＫＣ出版

森　信三著『修身教授録』致知出版社
ウィリアム・ダガン著　杉本希子・津田夏樹訳『戦略は直観に従う』東洋経済新報社
吉田實男著『商家の家訓』清文社
ユージン・サドラースミス著　吉田利子訳『直観力マネジメント』朝日新聞出版
加護野忠男著『経営の精神』生産性出版
アリー・デ・グース著　堀出一郎訳『企業生命力』日経ＢＰ社
田村文重著『理念なくして戦略なし』芙蓉書房出版
渋沢栄一著『国富論』国書刊行会
渋沢栄一著『徳育と実業』国書刊行会
渋沢栄一著『立志の作法』国書刊行会
渋沢栄一著『先見と行動』国書刊行会
渋沢栄一著『論語と算盤』国書刊行会
于臣著『渋沢栄一と〈義利〉思想』ぺりかん社
ヤンミ・ムン著　北川知子訳『ビジネスで一番、大切なこと』ダイヤモンド社
稲葉　襄著『円相の経営』中央経済社
加地伸行著『論語増補版』講談社学術文庫

二、経営学全般・経営学説に関するもの

坂本光司・西浦道明編著『キーワードで読む経営学』同友館
宮田矢八郎著『経営学一〇〇年の思想』ダイヤモンド社
岸田民樹、田中政光著『経営学説史』有斐閣
北野利信編『経営学説入門』有斐閣新書

フレデリック W.テイラー著　有賀裕子訳『新訳　科学的管理法』ダイヤモンド社
A.H.マズロー著　小口忠彦訳『改訂新版　人間性の心理学』産業能率大学出版部
A.H.マズロー著　金井壽宏監訳『完全なる経営』日本経済新聞社
A.H.マズロー著　上田吉一訳『人間性の最高価値』誠信書房
P.F.ドラッカー著　野田一夫、村上恒夫監訳『マネジメント　上・下』ダイヤモンド社
ダグラス・マグレガー著　高橋達男訳『新版　企業の人間的側面』産業能率大学出版部
フレデリック・ハーズバーグ著　北野利信訳『仕事と人間性』東洋経済新報社
P.F.ドラッカー著　上田惇生訳『マネジメント【エッセンシャル版】』ダイヤモンド社
P.F.ドラッカー著　上田惇生訳『明日を支配するもの』ダイヤモンド社
P.F.ドラッカー著　上田惇生訳『決定版ドラッカー名言集』ダイヤモンド社
P.F.ドラッカー著　上田惇生訳『ポスト資本主義社会』ドラッカー名著集8　ダイヤモンド社

三、経営者の生き方に関するもの（主として中小企業経営者）

日経トップリーダー編『指名ナンバーワン企業』日経BP社
渡邉幸義著『社員みんながやさしくなった』かんき出版
清田茂男著『愚直に勝る天才なし！』講談社
山口　勉著『でんかのヤマグチさんが「安売り」をやめたワケ』宝島社
塚越　寛著『年輪経営』光文社
大山泰弘著『働く幸せ』WAVE出版
稲垣篤子著『1坪の奇跡』ダイヤモンド社
佐藤啓二著『売れ続ける理由』ダイヤモンド社
栢野克己著『やずやの秘密』経済界

社団法人日本青年会議所編『日本をあきらめるな！』ＰＥＡＲＬ　ＢＡＣＫ
清水龍瑩著『中小企業のための社長業の条件』税務経理協会
一倉　定著『新・社長の姿勢』一倉定の社長学全集9　日本経営合理化協会
ＴＫＣ全国会創業・経営革新支援委員会　バランス・スコアカード研究小委員会著（著者分担執筆）『社長の仕事』ＴＫＣ出版

四、動機付けに関するもの

ＤＩＡＭＯＮＤハーバード・ビジネス・レビュー編集部編訳『新版　動機づける力』ダイヤモンド社
ゲイリー・レイサム著　金井壽宏監訳『ワーク・モティベーション』ＮＴＴ出版
スティーブン　Ｐ．ロビンス著　高木晴夫訳『新版　組織行動のマネジメント』ダイヤモンド社
ダニエル・ピンク著　大前研一訳『モチベーション3.0』講談社
社団法人日本能率協会編『働く人の喜びを生み出す会社』日本能率協会マネジメントセンター
社団法人日本能率協会編『働くことの喜びとは何か』日本能率協会マネジメントセンター
佐藤博樹、武石恵美子著『人を活かす企業が伸びる』勁草書房
小野　泉、古野庸一著『「いい会社」とは何か』講談社現代新書
三隅二不二著『リーダーシップ行動の科学』［改訂版］有斐閣
中原　淳著『職場学習論』東京大学出版会

五、企業文化に関するもの他

松村洋平編著『企業文化』マネジメント基本全集10　学文社
Ｅ．Ｈ．シャイン　金井壽宏監訳『企業文化』白桃書房
ピーター・センゲ他著　野中郁次郎監訳『出現する未来』講談社

ソメオットー・シャーマー著　中土井僚他訳『U理論』英治出版
楊　先挙著　祐木亜子訳『老子マネジメント入門』日本能率協会マネジメントセンター

本書が参考としている『「中小企業のあるべき姿に関する研究会」調査報告書』のもととなったアンケート調査は、経済産業省 関東経済産業局管内の一都一〇県（茨城県、栃木県、群馬県、埼玉県、千葉県、東京都、神奈川県、新潟県、山梨県、長野県、静岡県）の中小製造業約二〇〇〇社に対して実施して、全体で六〇八社の有効回答を得ています。

「活力ある中小企業」（直近一〇年間で売上高経常利益率がおおむね六%以上）は、六〇八社のうち一二七社にあたります。

本文中に出典が明示されていないグラフは、原則として同報告書から引用しています。

経済産業省関東経済産業局『「中小企業経営のあるべき姿に関する研究会」調査報告書』

ダウンロードページ　http://www.kanto.meti.go.jp/tokei/hokoku/20100527_arubeki.html

■著者略歴
赤岩　茂（あかいわ　しげる）
公認会計士・税理士・情報処理システム監査技術者
法政大学経営学部卒。在学中に公認会計士二次試験合格。卒業後、監査法人等勤務を経て、平成元年２月独立。平成14年９月、税理士法人報徳事務所を設立し、代表社員・理事長に就任。
現在、人を大切にする経営学会 常任理事
日本でいちばん大切にしたい会社大賞 審査委員
松下政経塾 実践経営学講座 主任講師
などを務め、法政大学大学院政策創造研究科客員教授、ＴＫＣ全国会創業・経営革新支援委員会委員長などを歴任する。
著書に、『財務経営力の強化書』（共著・あさ出版）、『夢をかなえる経営計画』（ＴＫＣ出版）等多数

「活力ある企業」の条件
～いい会社には、人を大切にする思想とその実践があった！～

2011年３月31日　第１版第１刷　　定価（本体1,800円＋税）
2019年３月19日　第１版第３刷

著　者　赤　岩　　茂
発行者　石　岡　正　行
発行所　株式会社ＴＫＣ出版
〒102-0074　東京都千代田区九段南4-8-8
日本YWCA会館4F　TEL03(3239)0068

ISBN　978-4-924947-97-9